SHODENSHA
SHINSHO

略思考で鍛える「コミュ力《りょく》」

沢隆太

祥伝社新書

はじめに

経団連が二〇一四年一月に発表した「新入社員に求める能力」ランキングの一位は、「コミュニケーション能力」となっています。これは一〇年連続で変わらないそうです。また、テレビでは聴衆を感動させられるようなプレゼンテーションのスキルにも注目が集まり、世界有数のプレゼンターがその神業《かみわざ》を披露《ひろう》する番組などもあります。

プレゼン能力や、しゃべり方の技術は広くビジネスパーソンの関心を集める素養であり、また就活《しゅうかつ》に明け暮れなければならない学生にとっては、死活問題ともいえるほど「コミュ力《りょく》」すなわちコミュニケーション能力養成は重大関心事のようです。これは今や国民的関心と言えるのではないでしょうか。

いや、これはむしろ国民的「不安」のタネと言うべきなのかもしれません。プレゼン下手《べた》だとまともな会社員になれない、出世できない、その結果、人生が暗転……とまで考えるのは行き過ぎとは思いますが、実際「プレゼンが下手で困っている」という相談やトレーニングの希望は、私のもとにも幅広く寄せられています。しかもどれもがかなり深刻で、悲愴《ひそう》な雰囲気で訪れる方も少なくありません。

そこでよくある勘違いが、「コミュ力」とは、テレビのアナウンサーや芸人のように、流暢《りゅうちょう》に、人にウケる話をしたり、アップルのスティーブ・ジョブズのように華《はな》やかなプレゼンテーションをしたりといった能力のことだと考えていることです。そのためにはしゃべる能力や雰囲気といった特殊な才能が必要だと感じられ、とても自分には無理だと思ってしまうのです。

もちろん、それらも「コミュ力」の一つではあるでしょうが、すべてではありません。しかも、私たち一般の人間が必要とする「コミュ力」はそういった能力ではありません。

では、私たちが必要とする能力はどのようなものでしょうか？　本書ではそれについて解説していきます。

「コミュ力」は戦略的に考えることで、誰でも身につけることが可能です。そして、それを身につければ、就職活動から、ビジネスパーソンとしての日々の仕事、キャリアデザインに至るまで、大きな武器を手に入れたといえるでしょう。
本書がコミュニケーションについて悩む皆さんの一助になれば幸いです。

二〇一四年八月

増沢《ますざわ》隆太《りゅうた》

目次

第2章　コミュニケーション力は、戦略思考で鍛える

第3章　「コミュ力」を上げる聞き方と伝え方

第４章　さまざまな場面で生かす「コミュ力」
――緊張緩和、おわび、キャリアプラン

第1章

誤解されている「コミュニケーション力」

「コミュ力《りょく》」の正体

「はじめに」でも書きましたが、「コミュ力」つまり「コミュニケーション能力」は現代社会において国民的関心事といっても過言ではありません。では、この「コミュ力」とは何でしょう。

コミュニケーションを辞書で調べてみると、「連絡」であり、「伝達」「情報」「通信」等とあります。英語など外国語能力をコミュニケーション力と呼ぶこともあり、かなり意味が拡散しています。

人に情報を伝えたり、やりとりをするといっても、例えば、会議のように全員で討議するものや一対一での会話、電話、メール……と、さまざまな場面が考えられます。大勢の人に向けたプレゼンテーションは、コミュニケーション手段の一つに過ぎないのです。

「コミュニケーション力がない」ことに悩むのであれば、自分が具体的にどんな能力に不足を感じているのかが特定できなければなりません。

コミュニケーション能力は技術によって向上させることができます。決して根性や、内向性や外向性といったパーソナリティで定められたものではなく、必要な技術を身につけ、さらに「戦略的思考」を持つことで、その能力はさらに高めることができます。

しかしそのためには、身につけたいコミュニケーション能力がなんであるかを特定し、不足しているものを補強し、強みを持つところはさらに伸ばすといった、総合的な取り組みが必要なのです。

これまで大学の講義や社会人向けセミナー、講演、個人キャリアカウンセリング等々を通じ、たくさんの方とコミュニケーションについて語ってきました。実はコミュニケーションに不安を感じているという人の中には、「なんとなくコミュニケーション能力に自信がない」と、漠然《ばくぜん》としたとらえ方をしている人が少なくありません。これこそ「コミュニケーション能力に自信がない」と感じる方の多くに共通する考え方だといえます。

一方、その真逆で、大学の就活サークル役員をやっている学生などでまま見かける、「何の根拠もなく（コミュニケーション能力に）自信をもっている」といった、両極端な現象が実際にはあります。

これらは、どちらもコミュニケーションの本質がわかっていない状態です。コミュニケーションの正体が何だかわからなければ、そもそもの能力向上もしようがありません。コミュニケーション能力に不安を感じるのであれば、「何となく」ではなく、具体的に、どんな能力が足りないのか、何ができれば能力が高いのかという基準を設定しなければなりません。

こう書くと理屈っぽく感じるかもしれませんが、スポーツや格闘技を考えてみてください。陸上一〇〇メートルと水泳が競争しても意味がないように、異種格闘技戦で、ルールもなくボクシングとレスリングが戦うことは不可能です。まったく嚙《か》み合うことなく、勝負が成立しないことでしょう。打撃のみで勝負が決まるボクシングと、組み合って得点を重ねるレスリングには一切共通点がないからです。

ですから、実際の「総合格闘技（MMA）」興行では、それぞれの主催団体によってルールを新たに決め、寝技は何秒以内とか、グローブの重さをいくらにする、一ラウンドを何分にするといった、両者を嚙み合わせるためのルール作りが必要です。そうした共通基盤の土台があって、はじめて試合が成立します。このルールに相当するものが、コミュニケーションの「ロジック（論理）」なのです。

コミュニケーションにおいても、何をしたいのか、コミュニケーション能力を向上するということがどんな状態で、それができると何が達成できるのかという、明確な目的を考えることなしに、能力向上はあり得ません。つまり、具体的なトレーニングや技術獲得の前に、「考え方」を整理し、目指す方向を定める必要があるのです。

このような目的意識を設定して、その達成に近づく行動や考え方を「戦略思考」と定義します。本書で述べるコミュニケーション能力の向上とは、例えば「話し方」とか「プレゼン技法」のようなテクニカルなノウハウを身につけることが主旨ではありません。そもそもの達成したい目的を明確化させ、それを達成するための思考そのものがコミュニケーション能力に直結するのです。

コミュニケーション能力に必要なのは、根性よりも知性

コミュニケーション能力というと、就活を中心とした若者に必要なものと思われる

かもしれませんが、本来、コミュニケーション能力が不要といえる人はいるのでしょうか。若い人たちは、年長者から「近ごろの若い者はコミュニケーション能力がない」などと言われたことがあるかもしれませんが、「コミュニケーション能力がない」のは決して「若い者」だけではありません。

私は大学生や新入社員、若手幹部だけでなく、中堅から幹部候補、早期退職者まで、幅広い年齢層や立場の人を対象として、コミュニケーションの講座を持ってきました。実際、学生だけでなく、社会人、それも若手から中堅、幹部にまで、コミュニケーション能力を身につけたいという方であふれています。

コミュニケーション能力は、その人の知性と姿勢によって決まるといえます。ここでいう「知性」とは、勉強ができるとか、有名大学を出ているという意味ではなく、「地頭《じあたま》」の良さなどともいわれる思考能力を指しています。また「姿勢」とは、コミュニケーションへの臨み方であり、なおかつその実行に際しての心構えやメンタル管理を指します。

すぐれた「知性」と「姿勢」の例ということで思い出す話があります。

ミッドウェー海戦での敗北により、日本が守勢に回り始めた一九四三年、壮絶な玉砕をとげたアリューシャン列島のアッツ島近くにあるキスカ島では、日本軍五千人以上が、アメリカ軍に包囲され孤立していました。敗色が深まり、支援どころか補給もできない絶望的な状況でした。そんな環境下、「奇跡」と呼ばれる作戦が決行されたのでした。

潜水艦で米軍の目を避け、少しずつ兵を助け出す方法など、さまざまな作戦が練られましたが、六千人近い将兵を救い出すのは容易ではありません。司令官・木村《きむら》少将は、キスカ島近辺の濃霧という自然条件に着目し、島が濃霧に包まれ、爆撃を避けることができるわずかなタイミングを計り、潜水艦ではなく、巡洋艦や駆逐艦といった水上艦によって、全員を一気に帰還させるという、まさに乾坤一擲《けんこんいってき》の作戦を立案しました（この撤退作戦名「ケ号作戦」の「ケ」は「乾坤一擲」を意味するとの説がある）。

しかし自然条件が左右するこの作戦は、いきなり挫折《ざせつ》します。発生した濃霧が突如晴れてしまったのです。時を稼いでも一向に天候は変わらず、木村少将は作戦を中止することになります。精神論が跋扈《ばっこ》する戦時中に、臆病者とか卑怯《ひきょう》などといった周囲からの誹謗中傷《ひぼうちゅうしょう》がどれほどすさまじいものだったかは想像に難《かた》くありません。しかしそんな批判をじっと受け止め、敢然と作戦中止を決断し、さらに時を待ちます。

一週間後の濃霧発生をもって、再度救出艦隊が出撃しました。レーダー装置が原始的で、軍人による目視の精度のほうが高かった時代です。見通しの利《き》かない海を艦隊は進み、狙い通り米軍の攻撃を避けてキスカ島に着き、将兵全員を収容して、無傷で帰還しました。

自然条件というどうにもならない環境をひたすら受け入れ、どれだけ批判を浴びても動じずに、目標として立てた作戦遂行に邁進《まいしん》した木村少将のこの活動は、「奇跡」的な成功だったと思います。しかし重要なことは偶然に頼り、精神論で作戦を遂行したのではなく、環境や、ごうごうたる非難を受け止め、その上で冷静に戦略観を備えた判断と実行をした木村少将の知性と姿勢の勝利だということです。

コミュニケーション能力向上で目指すものは、「コミュニケーションの達人」になることではなく、コミュニケーションを通じて達成したい目的を明確に定め、そこに至る道筋を柔軟にとらえ、選択する戦略的な思考ができること。そしてその実行を精神的に支えるメンタルな裏付けといえるでしょう。構造としては実にシンプルなものですが、簡単ではありません。

　本書では、コミュニケーションという存在について、今一度その中身を問い直し、目指すべき明確なゴールを設定し、その実現を図る力を養成することを目指します。

「コミュ力」はしゃべりの上手さではない

「しゃべり方の上手下手」イコール「コミュニケーション能力」と考えることが多いと思いますが、戦略思考の観点からは別物です。必ずしもしゃべり上手な方のコミュニケーション能力が高いとも、逆にしゃべりに自信がない方のコミュニケーション能力が低いとも断言できません。ポイントはそこではなく、あくまで「考え方」であり、思考方法の違いが重要なのです。

　しゃべりが上手《うま》いことが、時としてコミュニケーションの邪魔にもなることを体験したことはないでしょうか？

　ちょっとだけ服や小物を見ようと思って立ち寄ったデパート。入るや否《いな》や満面の笑顔を浮かべた店員さんが現われ、「何かお探しでしょうか？」と愛想よく話しかけてきます。ちょっとあいづちをうっただけでも、立て板に水でとうとうとその商品について説明をしてくれる、そんな店員さんには、表面的にはトークの上手い人が多いはずです。

ところが、パッと見て気に入り、少しは買う気もあったものが、なぜか声をかけられただけでその場から逃げてしまったり、話は聞いたものの、セールストークを聞いているうちに買う気が失《う》せたり、それどころかなぜか意地でも買うものかと、断わることばかりを考えてしまったという経験のある人は少なくないはずです。

戸別訪問をしてくるプロのセールスの方も、やはり皆さんとびきりの笑顔やさわやかなトークができる方が多いですし、駅前や商店街、デパートでやっているような実演販売の方も、テレビショッピングのようにまさに、しゃべりのプロばかりです。

それなのに買う気にならなかったというのは、そうしたしゃべりのプロのコミュニケーションが成功したとはいえないということです。彼らのコミュニケーションの本当の目的は、お客さんに買ってもらうことであり、自分の話を聞いてもらうことではありません。これらは、しゃべりの上手さが必ずしも有効に働いていないという一例です。

また、仕事やプライベートの場でのディベートやディスカッションにおいて、押しの強い人、威圧感のある人に会ったことはありませんか。頭の回転が速く、理詰めで押し切るタイプの人もいます。彼らは、ある意味で自分の意見を通しやすい人たちです。

しかし、そういった人たちについて、どんな印象をお持ちでしょう？　心暖まる、親近感のわく、また一緒に仕事をしたいと思う……ようなことがあるでしょうか。どちらかといえば苦手意識が浮かんだり、あるいは言い負かされたことへの恨《うら》みや反感等、ネガティブなイメージが浮かびませんか。

つまり、議論で相手を言い負かすことがコミュニケーション能力ではありません。そんな時のネガティブな感じというのは、仮に言葉では負けても、感情的、心情的には納得していない、腑《ふ》に落ちていないという心の状態なのです。

「説得」には「納得」が必要

　このように、「言い負かすこと」は「説得」とは異なります。相手を心底納得させて初めて「説得」は成り立ちます。精神分析の始祖フロイトは心理的抵抗を分類しましたが、人間は本能的に、「変化」に対する抵抗感があります。説得され、自らの意見を「変える」という変化に対しても、同じく抵抗感があるのが普通です。「言い負かす」とか、相手の失言やミスをとらえて、目的達成をしても意味がないのは、それではこうした抵抗感をまったく解決できておらず、ずっと反発が残ってしまうからです。

　悪徳商法などで、異様な雰囲気の空間に押し込め、強制的でこそないものの、結果として判断能力を奪っておいてから契約にサインさせたりするトラブルは昔からありました。後で冷静に考えれば、まったく必要のない商品をわざわざカードやローンで買わされたという話などがまさにこれです。

　悪徳商法であれば一回きりですが、基本的に仕事やプライベートでは継続したつきあいが発生します。相手を圧倒したり、論破することで得られる成果は一回きりのもので、結果的に自分も相手も得をしない、意味のないコミュニケーションです。それは、本書が目指す「戦略的コミュニケーション」ではありません。

コミュニケーションの必要性は、会話やプレゼンといった場面にとどまりません。仕事上の問題やトラブルを適切に解決する上でも有効です。

例えば、人事問題、特に解雇がらみの問題で、何より重要なものは「納得」を得ることです。人事問題は法律にからむことが多いため、弁護士さんに相談するということは少なくありません。しかし、法律面だけで判断するのであれば白黒をつけることが可能ですが、根本的な目的達成ができなくなってしまうことがあります。

会社が従業員を解雇したいと考えても、現状では法律的には非常に困難になっています。とはいえ、それは労働基準法という法律に規定があるのではなく、労働者の権利を守るという目的のために、労働裁判の判例によって解雇を厳しく規制しているからです。その結果、いわゆる正社員を、会社側が一方的に解雇することは現実的には不可能に近いのです。

では、問題行動を起こす社員がいても、会社は解雇できないのでしょうか。本人の会社に対する態度だけでなく、例えばパワハラや同僚へのいやがらせや、職場での秩序妨害で被害者が出るなどして会社に正当な理由があっても、会社側は何も手が打てず、あきらめるしかないのでしょうか。

セクハラや、暴力など犯罪領域に達したパワハラであれば、現行法でも解雇は可能ですが、そこまで至らない問題行動では、やはり労働者、特に正社員の権利は強固に守られています。したがって、何も交渉できずに法的解釈だけでは、問題解決は難しいでしょう。

だからこそ、そこを解決するのが交渉です。解雇はできませんが、本人が納得して自主退職するのであれば問題ありません。辞めてもらうための交渉をして、適法に問題社員を職場から除去するのは法律論ではなく、コミュニケーションの領域なのです。

ただし、会社側が脅《おど》したり、退職を強要したりすることは当然許されませんから、お粗末な交渉をすると、後で「会社からの圧力で退職を強引に認めさせられた」と訴訟を起こされる例も出ています。大切なことはその対象となる社員がそれを納得していることであり、会社側はその「納得」を得ることです。相手を納得させるように「説得する」ことは、コミュニケーションの中でももっとも大切で、高度な目標です。しかしコミュニケーションの本質はここにあります。説得によって目的を達成できるのです。

「コミュ力が低い」とはどんなことか

コミュニケーション能力がないと悩んでいる方は、では、どうなりたいと考えているのでしょうか？

ほとんどの方は、モノを売りつけるプロセールスや、相手を打ちのめすディベート強者を目指しているのではないはずです。しゃべり方の上手い人に感じる「なんとなく嫌な感じ」「なんとなく反発を感じる」というような感覚は、きわめてまっとうなものです。

繰り返しになりますが、しゃべり自体が上手いことと、コミュニケーション能力の高さは同じではないのです。

次のような例を考えてみましょう。

大きなスーパーマーケットの食品売り場にて、幼稚園児くらいの子供が自分の欲しいお菓子を持って、少し離れたところにいる母親のほうに走って行きました。商品棚の角のところで、横から現われた別の買い物客にぶつかって転んでしまいました。ケガなどなくたいしたことはなさそうですが、その子供は大泣きをしています。

さて、この子供のコミュニケーション能力をどう評価しますか。子供がお菓子欲しさに、周囲も注意しないで母親のところにかけよる途中で別のお客にぶつかったことと、コミュニケーション能力にどんなつながりがあると思いますか?

その子は自分の欲しいお菓子を得る（買う）ことに夢中で、そのため一刻も早く母親のところにお菓子を持っていき、母親に買ってもらう必要を感じました。そのため、他にもお客がいるスーパーマーケットの店内であるにもかかわらず、他のお客など周囲の存在を考えずに走って、他のお客にぶつかって転んだわけです。「自分のしたいこと（欲しいもの）」に夢中で周囲が見えない状態。これはコミュニケーション不全状態そのものなのです。

「周囲が見えていない」状態とは、言い換えれば相手や環境、危険性などへの視点が著《いちじる》しく低下している状態です。コミュニケーションは一人だけの空間では成り立ちません。必ずコミュニケーションの場面には「相手」がいて、そのコミュニケーションを実行する「環境」があります。

「相手」との意思伝達は、直接または何らかの媒体（メディア）、例えば電話、メール、手紙などを経由して行ないます。一人きりの空間で行なわれるコミュニケーションというものはありません。「環境」は、そうした媒体の有無、相手がどんな事情でコミュニケーションを取ろうとしている、逆に取ろうとしていないなど感情や態度、意欲、能力、知性といった条件のことです。

先ほどの子供は、相手である母親のことも、環境としてのスーパーマーケットの店内ということも考えず、自らの目的だけを追求した結果転んで泣いたわけで、コミュニケーション能力が低い人・状態とは、こんな幼児と同じようなものなのです。「幼稚園児くらいの子供」であれば、自我も確立されておらず、ある意味欲望のままに動いてもしかたないでしょう。しかし、コミュニケーションという場において、相手や環境の存在を、そもそも認知していない幼児のような状況を、立派な成人である大学生や社会人が知らず識《し》らずの内に行なっているのをたくさん見かけます。

結婚式や典礼などで、原稿棒読みのスピーチや挨拶《あいさつ》はたいていつまらないものです。紋切《もんき》り型の挨拶や抑揚のないしゃべり方など満載の内容で、コミュニケーションの「相手」となる参加者に理解してもらうことや、式典を祝うことより、自分がスピーチの役を果たすことでいっぱいいっぱいなのでしょう。

これはまさに役目だからやっている状態であり、「相手」や「環境」を考慮していません。そのようなメッセージは単なる言葉であり、言葉として意味が正しくとも、相手が理解できるかどうかは何も考慮していないことになります。

歩く時、道路を横いっぱいに広がって、仲間だけでおしゃべりしながら歩く人。雨の中、傘をさして歩いていて、対向者とすれ違う時に一切傘を傾けずに自らの進路を断じて変えようとしない人。みんなが並ぶ行列に、後から来た身内を勝手に招き入れ、順番を無視する人。電車内で堂々と携帯で通話をする人。

「相手」の存在を考えることができない、こんなことをする人たちは、すなわちコミユニケーション能力がない人だといえます。仲間内だけでは盛り上がってしゃべれるかもしれませんが、日ごろからこのような周囲を無視する、傍若無人《ぼうじゃくぶじん》なふるまいが習慣化している人は、正式なコミュニケーションの場においても、恐らく望むような成果は得られないでしょう。

コミュニケーション能力が求められるのはなぜか

就職活動の現場では、コミュニケーション能力を求める企業と、そうした風潮を読んでコミュニケーション能力を身につけ、強化しようとする学生が毎年せめぎ合いを行なっています。

私も大学院広域科目やキャリア科目として、「コミュニケーション戦略論」や「コミュニケーションスキル演習」「ロジカルコミュニケーション」などを長年担当し、また学外の講演やセミナーといったさまざまな場所でもコミュニケーションについて語っています。テレビや新聞、雑誌などでも、コミュニケーションについてコメントを求められます。学生だけでなく、社会人、それも若手から中堅、幹部に至るまで、コミュニケーション能力について高い関心があるといえます。

ではなぜ、コミュニケーション能力はここまで求められているのでしょう。それは企業社会が「組織」だからです。

企業が行なう日々の経営活動は、必ず組織として実行されます。業務(タスク)や組織自体が一人だけで成り立つということはあり得ますが、そうであっても、その業務遂行に必要な原材料やサービスの調達に始まり、業務を処理するために必要な機材、備品を総務が準備し、必要な経費支払いや、自身の給与、税金、社会保険を経理が処理しています。そもそも、日々の仕事にしても、会社や学校・法人といった組織の名刺や所属、役職があるからこそできるのです。

また、営業的に顧客と接点が必要なタスクであれば、もちろん「外部」としての顧客が存在し、そうした外部とのコミュニケーションも欠かすことができません。社会で活動するための基本単位が「組織」であり、会社員に代表される組織人として活動するのが社会人です。そしてそうした社会人を目指す学生にはコミュニケーション能力が求められるのです。これが「コミュニケーション能力」が長年にわたって、そしておそらくこの先も常に、「企業（組織）が求めるもっとも重要な能力」の位置にある理由です。

どれだけ技術が進歩し、業務や扱う製品やサービスが変わろうと、こうした組織として業務が行なわれる構造は何も変わっていません。アウトソーシングで、社内ではなく社外に経理や総務といった管理業務を委嘱《いしょく》することはありますが、そのような管理業務を自己完結はできないという基本構造は、社内でも社外でも同じです。つまり自分以外の存在と連携する際に絶対に欠かせないものがコミュニケーションであって、そのためにコミュニケーション能力が、変わることなくビジネスの世界では重要視されているのです。

ＩＴを中心とするイノベーションの進化によって、コミュニケーションの方法は目覚ましく進歩し続けています。私が新入社員だった一九八〇年代半ばどころか、二十一世紀を目前に控えた二〇〇〇年の時点でも、まだｅメールは業務に必須ではありませんでした。

私は当時専門商社に勤務しており、ヒラのマーケティング担当として、日々、取引先の海外企業とFAXで連絡をしていました。時差の関係で、夜、連絡FAXを送ると、通常は翌朝返事が来ます。込み入った内容だったり、先方が休暇だったりすると、返信は翌朝ではなく翌々日以降になります。メールと違って、速報性もなく、開封確認もできませんので、どうしても返事が必要で追いかけなければならない時は、日本時間の夜に国際電話をかけたりしました。

ある時、遅れている要件の返事の督促を何度しても無反応だったため、夜遅くまで会社に残り、国際電話をかけたところ、その相手はどうやら自宅をオフィスにしていたらしく、奥様とおぼしき女性が出て、「今何時だと思っているのですか」と叱《しか》られたことがありました。こちらは名刺に書いてある番号にかけたのだから怒られるいわれはないのですが、国際電話で緊張しており、悪くもないのにおわびして電話を切った覚えがあります。しかしその翌日には待っていた返信と、先日事情を知らない妻が電話で失礼したという旨《むね》のコメントをいただきました。今となっては信じられないほど昔の話のようですが、二〇〇〇年のことです。

メールはビジネスでも革命的変化をもたらしました。インターネット接続さえしていればどこでも、安価に連絡を取ることができるからです。今やビジネスにおけるコミュニケーションの主流と呼べるほど、メールは不可欠な、中心的存在となったのです。それまで主役だった電話と比べ、「書き言葉」であるがゆえに、事前にいくらでも準備や推敲《すいこう》もでき、伝える情報量も添付やリンクにより無尽蔵に増やすことができるからです。

それにもかかわらず、電話やメールを使ってもいまだにコミュニケーションの不全はあり、コミュニケーション能力向上への要求は企業（組織）からも、個人からも増えることはあっても減ることはありません。イノベーションの進化がコミュニケーション能力向上にはほとんど貢献していないとも考えられます。

こうしたことからもＩＴに代表される技術やメディアというハード面での進化はコミュニケーション方法に変化をもたらしたものの、コミュニケーション能力そのものは依然としてソフト面、つまり人間側の裁量にかかっていることがわかります。ではソフト面とは何かといえば、われわれ人間の考え方、つまりは思考方法なのです。

本書ではコミュニケーションの技術を構造として説明します。性格や人間性、根性とは関係なく、技術によって確実にコミュニケーション能力は向上できます。しかし単なるコミュニケーションテクニックは付け焼刃《やきば》に過ぎません。その土台となる思考があって初めて技術が生きてくるのです。

スーパープレゼンなんていらない

世界を代表するビジネスプロフェッショナルや有名ビジネススクールの教授による、プレゼンテーション関係の催《もよお》しは非常に人気があるようです。芸能人や政治家の中には、まさに天才的なプレゼンテーション能力やスピーチ能力を発揮する人もいます。

NHKの番組でも放送されている米国の「TED」と呼ばれるプレゼンテーションの大会に登場する人たちは、素晴らしいプレゼンテーション技術を持っています。もちろん、非常におもしろく、感動するものも多いですが、「戦略的コミュニケーション」の視点では、そのような「スーパー」なプレゼンテーション技術は目標の対象外になります。

「世界的なプレゼンターになりたい」という目的設定をする人以外、一般的な通常の仕事や学生生活で、そこまでの技術は求められません。むしろ個々人の持つコミュニケーション以外のコンテンツや能力を高めるほうにリソースを割《さ》くべきだと感じます。見た目のカッコ良さは戦略コミュニケーションではなく、あくまで目的達成にこだわることこそ、戦略性だといえます。

学生の場合、博士後期課程の大学院生はもちろん、修士（博士前期）課程でも、学会発表などの機会はあるはずです。学部生であれば学会までいかずとも、小さいものも含めればゼミなど研究発表の機会は日常的に多々あることと思います。そうした場面において、プレゼンテーション力はもちろん非常に有効です。

ただし、学会などのプレゼンテーションは、その発表技術よりも、何より中身が重要です。たいしたことのないデータや発見であれば、どれだけ完璧なプレゼンテーションをしたところで評価はされません。

話し上手でも、プレゼンテーションが上手でなくとも、研究者として学会における大きな存在である先生は多数おられます。少なくとも大学や研究といった、アカデミアの世界では、プレゼンテーション技術は補完的能力だと考えられます。

ではビジネスの世界はどうでしょう。営業部門などで、日頃のセールス活動としてプレゼンテーションは欠かせません。しかしそのほとんどは大仰《おおぎょう》な舞台でもなく、大人数を相手にするものでもなく、日常的に行なわれる顧客とのコミュニケーションの一環です。

もちろん、競争入札のコンペティション（コンペ）のような大舞台もあるかもしれませんが、そうした業種は限られます。私も就《つ》いていたマーケティング職や、事業計画、経営企画といった企画職は、比較的大きなプレゼンテーションの機会が多い職務だと思いますが、そもそも企画職の頭数は、営業職などと比べて極端に少人数であって、そうした点でやはり汎用《はんよう》性は低いと考えられます。

営業や企画以外の職務となれば経理、人事、総務といった管理部門がありますが、どちらかといえば裏方で経営を支える存在であり、自身が表に出てプレゼンテーションする機会が多々あるものではありません。

製造、生産関係、研究開発といった技術系はどうでしょう。会社を代表する新製品発表会などの機会は、場合によっては大きなプレゼンテーションの機会があるかもしれません。ただし、この場合も、研究機関や大学などアカデミアの世界同様、その中身が評価されなければほとんど意味はありません。

とはいえ、プレゼンテーションの技術は、使い方によっては危険なものでもあります。大衆扇動のアジテーションやプロパガンダに悪用され、民族紛争や独裁政権樹立に結びついた歴史もあるからです。

ナチス・ドイツは、第一次世界大戦敗北で崩壊したドイツ帝国の後に成立した、きわめて民主的ではあるものの、その政治的不安定さとハイパーインフレで脆弱《ぜいじゃく》だったワイマール共和国政府の混乱の中で急成長しました。「栄光あるゲルマン民族の誇り」とナチス党の規律、そして混乱の原因としてユダヤ人らをスケープゴート化することによって、ついに政権奪取まで至ったのです。

ヒットラーはドイツを武力占領したのではなく、非合法な選挙工作などもあったにせよ、あくまで選挙を通じたドイツ国民の民意を得て、総統になったのです。これにはヒットラーの天才的なアジテーションに加え、国民啓蒙・宣伝大臣という、ヒットラーのためのマーケティング専門家であり、プロパガンダの天才と呼ばれた、ヨゼフ・ゲッベルスの存在がありました。さまざまなナチスのイメージ戦略を、ゲッベルスが主導したのです。

その結果もたらされたものは、第二次世界大戦のカタストロフであり、ユダヤ人へのホロコーストでした。民族紛争や国境紛争といった際には、政治家がよくプロパガンダを利用します。自身の権力強化や国民世論を操作するためにも、こうした手法は今でも使用されているといえます。

「見た目」は大事だが、それだけでは伝わらない

私が新入社員時代、当時まだ国交がなかった南アフリカに、勤め先のスーパーマーケット企業が年一回行なう国際大会（会議）のメンバーとして参加させてもらったことがあります。

普通は役員クラスの重鎮のみ参加できる会議ですが、当時国交のなかった南アフリカは直通便もなく、台湾や香港経由でインド洋を渡り、ほぼ一日がかりでたどり着く地球の反対。当然パックツアーのような気軽なルートもなく、そうしたVIPは参加しづらいことに加え、たまたま（私にとってはラッキーなことに）ある役員が急に参加できなくなったのです。その結果、当時英語を勉強中だということをアピールしていた私に参加のチャンスがきました。

普通であればヒラ社員が参加などできない国際会議に参加できることと、単純に海外に行けることで有頂天になりましたが、アメリカなどとはまったく違い、マラリア予防薬まで飲まなければならなくなったあたりから、やはり少しばかり普通ではないところに行くのだという現実感がわいてきたのを覚えています。

現地では、ヨーロッパの代表を中心に各国のプレゼンテーションが行なわれましたが、当時の英語力では、内容の半分も理解できればいいほうでした。

しかし一つ、人生を変えるほどの影響を受けた出来事があったのです。それは会議の合間に催《もよお》されたスモールセミナーで、イギリスの元代表だった方による「ザ・プレゼンテーション」という話でした。当時のリスニング力を総動員して、とにかく聞き取れることを片っぱしからメモしましたが、今でもその内容を覚えています。

その中で、私がコミュニケーションの指導でも触れさせてもらっているのが見た目の重要性です。「Attitude」が大事だといわれたのですが、これは単に「態度」とか「心構え」という直訳的な意味だけでなく、「(相手から）どう見えるか」という見た目のことだと理解しました。

日本人的な感覚ではいかがなものかと思いますが、欧米の政治家や学者が、ポケットに片手を入れながらにこやかに話す姿をニュースなどで見たことはないでしょうか。その態度がリラックスした、余裕ある大人のイメージにつながるというのです。

さらにはジャケットをプレゼン中に脱いだり、たとえ演台があろうとそこから抜け出して、片手をポケットに入れながら、ワイヤレスマイクの電波が届く限り歩きながら話すことで、アクティブさやフレンドリーさが増し、プレゼンテーションの説得力が上がるのだということを教わりました。

ただし、大学や企業研修などでプレゼンテーションを教える立場になった今、「見た目の重要性」については必ず解説をしますが、この南アフリカのセミナーで学んだような「動き」をそのまま勧めることはありません。やはりこれは欧米のスタイルだと思うからです。

その後、私は留学を経て、外資系企業でキャリアを積みましたが、外資系企業に勤めたり、自分の上司やビジネスの相手が欧米人である場合は、こうした手法は有効な場合が少なくありませんでした。それは欧米文化圏でのビジネス環境や風土であるからです。

しかし外資系企業であっても、普段の業務はどちらかといえば国内の、日本の伝統的な大企業を相手とすることが多いでしょう。彼らに対するプレゼンテーションにおいて、私が南アフリカで学んだような外国風（外国人風？）プレゼンテーション技法は危険です。

やはりコミュニケーションの土台には文化があります。外資系だろうと何だろうと、「外国かぶれの説明」と思われて得をすることは何もありません。私もそんな時はきちんと演台から離れず、ジャケットも脱がず、時候の挨拶などにも心がけることを意識しました。

有名ビジネススクール教授や、著名コンサルタントのような派手な技法は、土台の上にある飾りのようなものです。そうした立場ではない多くの方にとっては、大勢の観客をツカむとか、圧倒するプレゼンテーションより、目の前にある目的達成こそ第一に目指すべき最優先の最重要課題です。

コミュニケーション講座や就活講座などで、お辞儀の角度や手や足の広げ方、歩き方まで指示しているものがあります。あるいは外国の政治家や有名人の手法を模《も》したスタイルを教えるものも見ました。

しかし、見た目のスマートさやカッコ良さは、プレゼンテーションの要素の一つではありますが、目的達成のために必ずしも必要不可欠なものではありません。逆にいえば目的の設定こそがコミュニケーションの柱なのです。この順番は決して間違えてはなりません。

「上手なプレゼンテーション」が「良いコミュニケーション」ではなく、カッコ良いプレゼンも、有名人風のアクションも、手足の動かし方やお辞儀の角度も、「戦略的コミュニケーション」の視点からは不要だと断言できます。その違いを峻別《しゅんべつ》し、クールに実行できるために必要なものは、おしゃべりのセンスでも、目線の送り方でも、プレゼンテーション時のアクションでもなく、「戦略的」判断力であり思考能力です。コミュニケーションを、その目的を中心に、構造としてとらえることで、結果として達成したい目的を実現することが、コミュニケーション戦略だといえるでしょう。

第2章

コミュニケーション力は、戦略思考で鍛える

コミュニケーションの原則

本書では、コミュニケーション能力という具体的な技術について、「戦略思考」という発想と思考方法で臨んでいます。ここまで、コミュニケーションが「話し方の上手さ」だけではないことを説明してきましたが、それは達成したい目的があってこそのコミュニケーションだからです。

コミュニケーション単体で能力向上を図ったとしても、結局その「目的」がそもそも非現実的だったり、目的として成立しないようなあいまいなものであれば、どのようなテクニックを用いても達成はできません。それゆえ、目的の実現に向かってまっすぐ進む考え方である「戦略思考」をベースに、伝える力と、受け止める力の両方を向上させることで、総合的に目的達成の能力を養成するべきであるという考え方に立脚しています。

プレゼンテーション能力に代表される、「伝え方」はコミュニケーション能力の一部であって、決してそれだけでコミュニケーションすべてをカバーすることはできません。前章で述べたように、プレゼンテーションの達人を目指す人以外、特別高いプ

〈コミュニケーションの原則〉

1．目的設定すること
「伝える」ためにキーメッセージを絞る
目的（ゴール）の明確化

2．「相手」目線を持つこと
コミュニケーションには必ず相手がいる
傾聴で相手も巻き込む

3．ロジックが成り立つこと
理解の共通化のため、わかりやすく
正解志向より利益（メリット）志向

レゼン能力などなくとも、コミュニケーション能力は十分高めることができます。

「伝え方」と「受け止め方」の双方向を磨《みが》き、その土台となる「思考」訓練をすることが、コミュニケーション能力全体を向上させるための構造となります。

そのように考えると、「コミュニケーションの原則」と呼ぶべきものが絞《しぼ》られてきます。それは決して複雑なものでも、難解なものでもありません。至ってシンプルかつ、だれでも実行することが十分可能なものです。それは上に示したものです。

1．「目的設定」すること

伝えるためのカギとなる「主たるメッセージ」を絞ることで、そのコミュニケーションによって達成したい目的を明確化します。目的は、達成した時の姿であり、ゴールの明確化ともいえます。逆にこれが不明確だったり、未確定だったりすれば、どれだけテクニックがあってもコミュニケーションは成立しません。

2．「相手」目線を持つこと

コミュニケーションには必ず相手がいます。相手のいないコミュニケーションはコミュニケーションではありません。相手はそのコミュニケーションにおいて、何を考え、何を望んでいるのか、これは単に理屈だけでなく感情をも汲《く》み取る必要があります。意欲満々で臨むのと、職務上いやいや、しぶしぶ臨むのでは、まったくコミュニケーションの成り立ちが違ってきます。

コミュニケーションにおいて答えは一つではないと繰り返し述べているのは、こうした感情によって、論理的には正しくとも受け入れられない、間違っているのに固執してしまうという、実践ではきわめてよくある状態を想定しているからです。相手の本心を見抜くというような非現実的なことを目指すのではなく、コミュニケーションにおいては常に「相手はどう思うのか」を考える姿勢こそ大切です。

徳川家康《とくがわいえやす》は子供時代を織田《おだ》家や今川《いまがわ》家といった隣国の人質として過ごしました。人質ですから、もしお家に何かあれば子供であろうと命がなくなる状況にずっと置かれていたのです。とてつもないプレッシャーの中で幼少期を過ごすという、戦国時代とはいえ過酷な環境でした。

その人質時代、戦国の巨人の一人、今川義元《よしもと》の軍師、太原崇孚雪斎《たいげんすうふせっさい》の晩年、弟子として教育を受けました。太原雪斎の厳しい薫陶《くんとう》は家康に大きな影響を与えましたが、その師との別れは雪斎の死去によって訪れます。臨終の間際に雪斎は、幼き家康に自らが滅んだ後も常に「雪斎の眼」を持てと諭《さと》します。師・雪斎ならどう見るか、どう考えるかを、あたかも雪斎がそこにいるかのように考えることを「雪斎の眼」と表現したのです。肉体は滅んでも、その「眼」は家康が生きている限り常に師が身近にいるも同然であることを、家康は終生忘れなかったといいます。

「雪斎の眼」をわれわれも持ってはどうでしょう。この場合の「眼」とは、もちろんコミュニケーションの相手の「眼」、つまり相手の立場です。常に相手目線を持って臨むことは、コミュニケーションの大原則です。その効果をさらに上げるのが後述の「傾聴」法です。傾聴を意識して行なうことで、コミュニケーションは相手も巻き込む深みを増します。

3.「ロジック」が成り立つこと

コミュニケーションの原則、三つ目は「ロジック」です。

ここでいうロジックとは、相手との理解の共通化が成立することです。自分本位の一方的な主張は、コミュニケーションではありません。相手にわかりやすく自分の意見を伝えるために、自分の理屈ではなく、相手も受け入れられる論理的整合性が必要です。自分だけが得をするようなことを、相手に飲ませることは不可能です。自分も相手も得をする交渉だからこそ、コミュニケーションによって成り立たせることが可能になります。

どれだけ応募先の会社に入りたいか、志望動機を熱っぽく語ったとしても、入りたい理由以上のことは伝わりません。相手にとって、自分の入社はどんなメリットがあるのでしょうか。自分を採用することは相手にとってもメリットとなることで、初めて採用するためのロジックは成り立ちます。

「御社に入ることが夢でした」というアピールだけでは、何一つ相手の意向に合致しません。「私を雇うことはこれだけのメリットがあり、入社を夢にまで見るほどの高いモチベーションをもって勤務するので雇ってほしい」とアピールすることで、ロジックは成り立ちます。素直に本心を打ち明けることは正しいことではあるかもしれませんが、相手を説得するロジックではありません。

ロジック成立のために必要なことは単純に「正しいこと」ではなく、相手が納得できる論理の組立てにあります。ビジネスの現場であれば、おそらくそれはビジネス上の「損得」、つまりは利益（メリット）につながるかどうかがカギでしょう。極端な例では、たとえ間違ったことであっても、相手を説得できればコミュニケーションの目的達成はできるのです。ビジネスである以上、利益を得る以上に重要なことはまずありません。正しいかどうか、正解かどうかではなく、相手にも利益があることを説得するために、ロジックが成り立っている必要があります。

「目的を手段に適合させよ」

戦略思考は根性や精神論ではありません。イギリスの戦略家、リデル＝ハートはそのテーゼの中で「目的を手段に適合させよ」と述べています。原文では“Adjust your end to your means.”とあり、自分のできる範囲で目的設定をせよ、と解釈できます。

簡単にいえば、「できないことはやらない」。これが戦略思考の基本です。

戦略思考は、一人の天才的な軍人を生み出すことを目指したりはしません。戦場で必要とされるのは天才ではなく、有能な指揮官であり、有能な兵士で、それも一人ではなく、何人も生み出していく必要があります。突出した一人を生むのではなく、平均以上に有能な人材を複数生み出していくことこそが組織では必要で、軍隊という、もっとも基本的な組織形態においても、それはあてはまります。

コミュニケーションにおいても同様で、プレゼンテーションの天才やスターが求められているのではありません。ビジネスの世界で、天才的経営者と呼ばれる人たちがいます。ＧＥのジャック・ウェルチやアップルのスティーブ・ジョブズがそうです。彼らは生まれるべくして生まれたのであって、努力してウェルチやジョブズになるのは無理でしょう。

戦場で無数の名もなき指揮官や兵士がいたのとまったく同様に、ビジネスの世界でも、その九九・九％は名もなき、しかし有能なビジネスプロフェッショナルです。非現実的なゴールを目指し、天才のまねをしても生産的ではありません。最高のコミュニケーションではなく、最適なコミュニケーションを目指すことが、限りなく多くのビジネスプロフェッショナルや、将来のプロフェッショナルを目指す学生の皆さんの現実に沿うと信じています。

もちろんそれは目標を低く置くという意味ではありません。スターの持つ華やかさや、コミュニケーションの天才を持たない人が、現実的に身につけられる能力養成を目指すものです。

それは運に頼る必要がないことに加え、コミュニケーション以外の部分でのビジネス遂行能力はきわめて高いか、高いポテンシャルを持つ人が身につけることで、粛々《しゆくしゆく》と目的を達成することにつながるでしょう。ただひたすら己《おのれ》の役割と責任に忠実で、その目的達成への奉仕ができる職業軍人のような、ビジネスのプロの手法こそ、現実に「使えて」、「役立ち」、「身になる」技能だと考えます。

コミュニケーションの技術はさまざまあり、またそうした講座などでも動作や所作、声のトーンまで、微に入り細《さい》をうがつ説明がなされています。そうした技術も有効であることは認めます。しかし現実に使える、応用できることを最優先で考える、功利主義的アプローチが、「コミュニケーション戦略」の目指すものです。

私は大学院キャリア科目を年間六科目程度担当し、その中ではコミュニケーション教育の一環で、マナーや礼儀作法についても講義しています。しかし、その際に航空会社のキャビンアテンダントの方やマナー講師などはお呼びしません。

そうした方々はマナーや礼儀のプロだと思いますが、ビジネスの世界で活躍するために必要なマナーは、接客サービスのそれである必要がないからです。お辞儀の角度や手の置き方を暗記するより、何のためにお辞儀をするのか、というマナーの果たす経営的な意味を考える思考能力を身につけることこそ、戦略的なキャリア能力養成では必要だと考えます。ビジネスで求められるものが何であるかという本質理解があれば、お辞儀の角度や言葉遣いは些末《さまつ》な要素だといえるでしょう。

同様に、学生や企業人の研修に、芸能人などのしゃべりのプロを呼ぶ意味もないと思います。ビジネスの世界で求められる話し方は、そうしたしゃべりのプロの技術ではありません。

アナウンサーや俳優、芸能人は「話す」ことはプロでも、上手に話すことの意味は、芸能界とビジネスの世界では異なります。いかに芸能の世界で活躍できたとしても、ビジネスでそれが同様に通用するとは限りません。しゃべりが上手いこととビジネスの目的達成は別のベクトルだからです。

たどたどしい説明であろうと契約が取れる、おもしろ味のない説明であっても、それがかえって誠実さの印象につながり、交渉が成立するといったことこそ、戦略的コミュニケーションが目指すものです。

英語ができれば「グローバル人材」か

世間一般でよく勘違いされていると感じるのが、「グローバルなビジネス人材とは、英語ができる人のこと」という意識です。もちろん、英語ができて困ることはありませんが、英語ができるだけで、「グローバル人材」と呼ぶことはできません。

広大なアメリカでは、ニューヨークとかシリコンバレーなどの一部の国際都市を除けば、一生その州から離れることなく生活するアメリカ人も少なくないといわれます。英語ができることとグローバル人材は決して同義語ではないのです。

英語力ではなく、グローバルな環境で、「ビジネスができる」人材こそグローバル人材です。通訳を入れるなど語学以外の手段を使ってでも、必要なコミュニケーションが取れ、ビジネスを進めることができて、結果として目指す目的達成ができるかどうかが大事なのです。

そのためには、言葉はできなくとも、自分の生まれ育った地域や文化とは異なる環境において、相手の価値観や文化理解、交渉能力が必要になってきます。そうした感覚と能力があれば、言葉は単なる手段に過ぎず、通訳など代替手段はいくらでもあるのです。

そもそも、なぜグローバルビジネスに英語が必要だといわれるのでしょうか？

それは、金融のグローバル化によって、特にアメリカの金融市場や経営指標が巨大な存在感を得ることになり、アメリカ式の経営手法が大きく世界中に影響するようになったからです。結果としてビジネスの世界であれば、英語が共通言語となり、デファクトスタンダードとなったのです。

とはいえ、かつての日本企業が世界市場で大きな力を持っていたように、グローバルで活躍するには、英語よりも、ビジネスモデルや働き方が世界に通用するかどうかが大切です。

国際的なビジネス環境では、英語があまり好きではないといわれるフランス人も英語を話せる人は多いですし、中国や東南アジアの国々でも、英語を使える人は日本よりも多いように感じます。おかげで英語を使えれば、欧米だけでなくアジア、アフリカ、東欧や南米といった非英語圏でも、まさにグローバルにビジネス展開が可能となっています。

これは逆にいえば、英語が使える人は無数にいるようになっただけに、「単に英語が使える」だけではグローバルな人材ではないということです。

まさに「目的を手段に適合させる」ことができずして、グローバルビジネス人材になることはできません。コミュニケーション能力においても同様に、知識やテクニックより上位の概念として、コミュニケーションによって達成したい目的を設定できる思考能力や発想力があると考えるべきだと思います。

戦略思考は結果に向かってまっしぐらに進む思考です。功利主義的に、成果重視、実証を最優先するアプローチによって、目的とする成果を生み出すことにすべてのリソースを集中させます。「選択と集中」はまさに戦略発想で、先述のリデル＝ハートは、著書『戦略論　間接アプローチ』の中で、「目的を手段に適合させよ」の他に、「最小予期線を選択せよ」「最小抵抗線を活用せよ」と述べています。敵が予想をしない攻撃を、敵のもっとも手薄な陣目指して行なうことで、味方の戦力は相対的に増強されます。このように、設定した目的があってこそ、その達成のためのさまざまな手段を講じることができるのです。

経営戦略論のルーツとしての軍事戦略論

経営学のさまざまな理論のルーツをたどると、それは軍事理論と深い関係が出てきます。まだ会社組織などはなかった時代にも武士や兵士はいたわけで、軍隊はもっとも古くから存在する「組織」の一つです。

当初は、一人ひとりの兵士の能力が勝敗を決めた時代から、軍隊、すなわち組織としての戦いの時代に移るにしたがい、どのように組織を運営するかという軍事理論の研究が発達しました。

一方、経済が発展するにしたがって、個人の商売から組織の経営へと主体が移り、その結果、軍事理論の経営への応用も広まっていったのです。産業革命などを経て工業・商業が爆発的に成長していくのと同時に、会社組織は複雑化しました。その大きな組織をどう動かすかという経営戦略論や経営組織論といった分野に、軍事理論で培《つちか》われた知識が導入されていきました。

現代の経営理論においても、例えば販売戦略などで有名な「ランチェスター戦略」は、戦闘力と兵員数の関係についての軍事理論の応用であり、今やもっとも基本的な競争戦略モデルの一つとなっています。

武器を持っての戦いといっても、兵士と兵士が、目の前にいる敵を倒すものと、巨大な軍隊同士、あるいは国と国の戦いのような大規模なものでは、その戦い方は違います。

どれだけ武勇に優れた兵士や格闘家だとしても、一人で敵を倒すのは限界がありまず。相手が国レベルの巨大な存在であれば、当然倒すためには巨大なエネルギーも時間もかかります。一瞬で勝負のつく個人間の戦いや格闘技の試合と違い、戦争では一定時間戦い続けなければなりません。そうなれば単に強い武器を持っている、兵力が勝《まさ》っているだけでは勝てません。前線で戦うだけでなく、後方で戦いを支援するための燃料や弾薬、食糧の補給、すなわち軍事用語でいう「兵站《へいたん》」(ロジスティクス)が必要になります。近代戦ではこうした補給線確保が死命を決します。

企業活動でも、ロジスティクスは経営に欠かせない要素です。どれだけ素晴らしい製品でも、どれだけの製造能力、販売能力があっても、製品がコンスタントに市場に流れ、顧客に届かなければビジネスとしては成立しません。

市場動向をにらんだ製造計画があり、販売予測や計画に基づく補給、つまり在庫やその配送がきちんとしたラインとなって流れて初めてビジネスとして成立します。単に強力な腕力（販売力）や武器（商品）に頼って戦えたのは昔のことです。つまり戦いに勝つためには、単純な戦闘力の大きさだけでは無理で、その戦いを通じて達成したい目的の設定と、その達成のために必要なものの供給確保がそろって初めてスタートに立てるのです。

この、戦争に勝つための方策が「戦略」です。ビジネス関係の情報ではさかんに「戦略」といった言葉が飛び交《か》いますが、その意味するところは「ビジネスで勝つためのもの」だと理解すれば納得いくのではないでしょうか。コミュニケーションの構造として、そもそもの「目的」の設定が土台であると述べました。コミュニケーションという領域においても、戦いに勝つとは、どんなことなのかを考えていくことが、達成したい目標に近づく上では欠かせません。

『戦争論』を著わしたことで有名な戦略家クラウゼヴィッツは「目的はパリ、目標はフランス軍」と表現しました。ナポレオンのフランス帝国と対峙《たいじ》する劣勢のプロシアの立場から、「目的」は、首都パリ（フランス政府）であり、その中枢攻略のための「目標」は、前線のフランス軍の掃討《そうとう》にあるという意味です。戦略目的を明確に分ける、シャープな思考が見てとれます。

コミュニケーション能力が根性や性格で決まるものではなく、技術であるというのは、これと同じく「思考を通じて行動を決める」という順で考えるべきものだからです。コミュニケーション能力の高いと思われる人は皆、こうして自身の考えを整理し、目的設定を踏まえるという構造的な準備を経て、コミュニケーションを実行しているのです。

コミュニケーションのメカニズム

コミュニケーションという妖怪《ようかい》のような存在は、近ごろ「コミュ力」などと呼び名を変えて、ますますおどろおどろしいものとなっているようです。コミュニケーション能力のない人間を「コミュ障《しょう》」などと呼び、社会人でも学生でも、所属する組織においての存在が危《あや》ぶまれるほどだともいいます。そんな人生を左右するかもしれないほどに巨大な存在となってしまったコミュニケーションとは、どんなものなのでしょう。

シンプルには、冒頭で述べたように、辞書が定義する「連絡」であり、「伝達」「情報」「通信」等といった意味になります。つまりは何らかの情報や意思を他者に伝えることで共有する行為と考えられます。これこそコミュニケーションの正体です。つまりコミュニケーションそのものではなく、まず先に「情報」や「意思」といったメッセージがあり、それを伝えて広げるプロセスがコミュニケーションです。

構造として考えるために、コミュニケーションがどうやって成り立っているのか、その仕組みを分解してみましょう。

まず何らかの伝えたいメッセージがはじめにあることがスタートです。脳に浮かんだそのメッセージ情報は、声帯を通じて、声という「音」になります。声はそのまま直接、または電話やオンラインを通して相手の耳に届きます。その際に、相手が声という音をキャッチすれば、相手の耳（鼓膜）を通して脳にその情報は伝わります。届いた音声メッセージを相手の脳が理解することで、初めてメッセージの送り手と受け

コミュニケーションの仕組み

（自分の）脳
↓
（自分の）口（声帯）
↓
（相手の）耳（鼓膜）
↓
（相手の）脳

さらに相手からも、この逆の情報の流れが発生する。

手の間でコミュニケーションが成立します。これは文字として手紙やメールなどを通じた場合も同様で、この場合は目から視覚情報として相手に届きます。

しかし、メッセージを伝えただけでは、コミュニケーションと呼ぶことはできません。さらに相手がその情報を元に、それに同意したり、反対したり、質問したりと、「相手」を交《まじ》えた意見のやり取りが続きます。

どれだけ素晴らしいプレゼンテーションをしたところで、そのメッセージ情報は「相手」に届いた後、発信者の手を離れ、「相手」の中で進んでいく以上、単独では成立できないのです。つまり、「伝えること」はコミュニケーションの半分でしかありません。あくまで双方向のメッセージのやりとりによってコミュニケーションが成り立ちます。

コミュニケーションは英語では“Communication”ですが、ラテン語からくる接頭語“*com*”がついています。意味するところは、「共に」というニュアンスで、コミュニティとか、コンビネーション、コマーシャルなどにもついています。いずれも「相手」やパートナーがいなければ、一人だけでは成り立たないものです。

コミュニケーションを構造的に考えれば、自分の中で完結できる内的部分と、「相手」の中で成り立つ外的部分の二つに分けることができます。また自分の中であっても、そもそも伝えたいメッセージ情報があって初めてコミュニケーションは成立するのですから、その一番の根本であるメッセージがしっかりとできていなければなりません。

「英語が上手くなりたい」という目的がダメなわけ

ビジネスで必要とされることもあり、普通の日本人であれば「英語が上手くなりたい」と思わない人のほうが少ないのではないでしょうか。私も子供のころから英語で外国人と会話をする大人に憧《あこが》れました。しかし英語が上手いとは、何を意味するのでしょう。

例えば海外旅行で一人で買い物をしたいのか、外国とビジネスをしたいのか、あるいは英語で論文を書いて、学位を取りたいのかなど、目的によって「上手」の意味するところはまったく違います。目的を明確化することによって、初めてその目的達成は可能になります。

ただ漠然と「英語が上手くなりたい」というのでは、どんな状態を目指しているのか、つまり「目的」として成立していません。メッセージも同様に、何らかの成し遂げたい意図があり、それを実現するためのコミュニケーションが行なわれるという順になるのです。

もちろん気持ちとして、あこがれや単なる思い付きでも、「英語が上手くなりたい」と思うことは何も問題ありません。しかしそのままでは「ではどうすれば上手くなれるのか」と動き出したところで、結果として成し遂げたい目的が具体化されていないため、何をもって「上手」かを判断することができないのです。

日本語の特性でもあるかもしれませんが、目的の不明瞭さは日頃のコミュニケーションでもよく見られます。通訳を頼む際、通訳の方が一番こまるのは日本語でも意味をなさない慣用的な言葉といわれます。

例えば「『よろしくお願いします』と言っておいてくれ」などです。そもそも「よろしくお願いします」にどんな意味があるでしょうか。「会社に戻られたら、御社の社員全員に、私が会いたがっていると伝えてください」なのでしょうか。そんな具体的な意味はなく、単なる挨拶として、「よろしく」という表現を使っている場合も多いと思います。特殊な状況では、文脈から判断すべき情報があるかもしれません。

つまり「よろしくお願いします」という言葉自体には意味がなく、それゆえメッセージとしての目的設定がないのです。こうしたあいまいで意味不明の表現は会話として日常無意識に使うものです。食事の際の「いただきます」なども、挨拶の一環であり、その言葉自体に意味があるのではなく、人間関係における良好な関係性を築きたいという意思表示ともとらえることができます。

そこでプロの通訳の方であれば、「よろしく言っといて」と依頼された場合、「御社とのこれからのお付き合いに期待しています」などと勘案して訳したりします。「いただきます」も、「食事前の挨拶の一種」などと説明することで、意味を持たないフレーズであっても、外国人に理解できるように表現をするでしょう。つまりプロのコミュニケーターである通訳の方は、コミュニケーションの「目的」を判断し、その目的達成のための言葉の選択を通してコミュニケーションを実行しているのです。

このように、コミュニケーション能力向上を目指すなら、まずそもそもコミュニケーションによってどんなことを実現したいのかという、「目的」を固めなければならないのです。

構造的にコミュニケーションをとらえるなら、まずそのコミュニケーションによって成し遂げたい「目的」があり、それを上手に理解させるための「伝え方」、そしてその上で、今度は発したメッセージを受け止める「相手」という要素に分解できます。

なんとなく「英語ができるようになりたい」と念じていても上達は難しいでしょうが、まず「英語ができる」という目的の基準を明確化し、その基準に達するために、具体的要素として英単語や文法、作文、リスニングと、それぞれ切り離すことで、より具体的な能力向上が可能になります。

コミュニケーションもまったく同じです。そもそも達成したい目的がなかったり、不明確なままでは、いくら小手先の技術を身につけても役に立たないのです。

コミュニケーションの「目的」

さて、それでは「目的」とは具体的にどのようなものでしょうか。

コミュニケーションを通じて「何をしたい」のか、それが「目的」です。「英語が上手くなりたい」ではなく、「ＴＯＥＩＣで八〇〇点取りたい」と目的を具体的に置くことができれば、「ＴＯＥＩＣでよく使われる単語を暗記する」「よく出題されるテーマのリスニング訓練をする」「ＴＯＥＩＣ対策の塾に通う」等々、そのための対策としての選択肢が出てきます。

その選択肢をさらに状況や予算、個人の能力など、これまたもっとも望ましい選択肢順に優先順位を付け、それを実行することで一定の成果に近づけるでしょう。具体的目的設定がなかったり、的外《まとはず》れな目的を掲げてしまうと、ゴールが揺らいでしまい、最短距離を通って成果を得ることはできません。

ビジネスの実例で考えてみましょう。

「新製品の企画を発表したい」
「新たな社員評価制度を定着させたい」
「自己アピールをしたい」

かなり具体的になっていますが、これではまだ不十分です。

「新製品の企画を発表」して、どうするのでしょうか？　例えば次のように展開して考えます。

「社内の関係部門に、その新製品を積極的に製造・販売・調達・在庫するように注力してほしい、サポートしてほしい」

これでかなり具体的になってきました。

「新製品の企画」を成功させるには、自分の部署だけでなく、全社を挙げて取り組む必要があるはずです。そのためには単に「良い製品」だと伝えるだけで可能でしょうか。それとも何らかのインセンティブを設定することが必要でしょうか。それは、人事考課に影響するような管理職からハッパをかけてもらうことでしょうか。

このように具体的な事情によって、導きたいゴールが見えていきます。ただ、勘違いしがちなのは、必ずしもゴールが「正解」であるかは問題ではないということです。

そのゴールが絶対的な正解かどうかはわかりませんし、そもそもそれが絶対正しいなどと保証があるなら、誰もビジネスで失敗などしません。ゴールの設定に、確定した正解や絶対的正しさなどいらないのです。

伝説の経営者や歴史上の人物でも、恐らくその当時からすべてに確証をもって見渡した上で決断をしたわけではないでしょう。しかし目的設定に至るためのあらゆる可能性を吟味し、論理だけでなく勘や経験、あるいは人間の感情の理不尽さまで読み解くことで、そうした「伝説」にまでなった決断ができたのではないでしょうか。

一番避けなければならないことは、「何も考えない」ことです。「何も考えずにコミュニケーションに臨む」のは、戦略性の全否定であって、単なる偶然を頼るだけ、成功する気がないのと同じことです。

次の例も見てみましょう。

「新たな社員評価制度を定着させたい」

これまた、単に制度を導入するのであれば、関係責任者の決裁を取れば良いだけですが、そうではないはずです。これをコミュニケーションの問題としてとらえるとどうなるでしょう。

「制度を作る」ではなく、「ほとんどの社員がその新しい制度に納得して士気が高まり、会社として社員からの反発を減らし、もしくは将来労働争議や訴訟問題を起こしにくくする環境作りをする」というように、分解することができます。

単に「会社命令ですから」といえば済むのなら社内文書を回したり、社内掲示板で告知すれば済むことです。そうではなく、社員からの納得を得ることによって、トラブルを回避して制度導入を図りたいのであれば、そのために必要な情報、例えば「現在の法的環境から、いかにこの制度が重要か」「これを導入しないと会社が危険である」「競合社の七割が実施か実施予定」「実際の不利益そうに見える点は、長い目で見れば結局社員のためになる」「手間が増えるが、サポートも充実させるので、実際の負荷はこの程度で済む」といったことを知らしめることによって、「説得」をするというコミュニケーションが考えられます。

具体的には社内文書や掲示板も利用するものの、それだけでは通じないであろうことを予想して、別途説明会を開いたり、メールで案内を個別に送るというコミュニケーションも選択肢として考えられるでしょう。また「全社員」ではなく「ほとんどの社員」とするあたりも現実性があります。どのような集団にも反抗的な存在はおり、「全員一致で合意を取る」というのは、達成が困難です。すべての社員の合意を取らずとも、民間企業であれば少なくとも過半数、できれば過半数を優に超える程度の賛同者が得られる程度で十分であって、最後の一人まで納得を得るというのは、これまた現実的とはいえないということが反映されています。

さらに、この目的達成のためのコミュニケーションとは、「上手に新評価制度を説明すること」ではなく、「新制度導入によるトラブルをなくす・減らすこと」ととらえることができます。いくら、スティーブ・ジョブズのようにカッコ良く新しい制度をプレゼンテーションしたところで、社員に反感を抱かせたら、それは失敗なのです。

次の「自己アピールをしたい」という目的はどうでしょうか。

就活をする学生の指導をしていると、「自己アピールが苦手です」という人が少なくありません。そういってくる学生に「自分の何をアピールしたいのか」と聞いてみても、それがわからないので相談に来たということが圧倒的に多いのです。

そもそも「自分のアピールポイントがわからない」のは、「自己アピールが上手くできない」とは別の要素です。まず何が自分のアピールかを定めた上でなければアピールを上手くしようがありません。

こうした相談の場合はまずコミュニケーションの方法以前に、「アピールできることは何か」を話し合って考えます。その上で能力、成績、研究テーマ、活動実績など、さまざまな可能性のある要素をできる限り挙げ、「アピール」を検証していきます。なかなか「アピール」が浮かばない時は、これまでの学生生活を振り返り、ブレーンストーミングの手法で、ランダムに事象を挙げていき、使えそうな要素を検証したりもします。

さらに「上手い自己アピールをする」ことの先にある「目的」の検証も欠かせません。学生の就活であれば、自己アピールそのものが目的ではなく、その先にある応募先企業からの内定こそゴールのはずです。つまり目指すものは「上手い自己アピール」ではなく、「内定を取れること」「内定を取れるような好印象を与える自己アピールができること」になっていきます。

「アルバイト先でお客さんとコミュニケーションを心がけ、リピーターを増やしました」とか「サークル副部長として、やる気のないメンバーにも積極的に話しかけを行ない、リーダーシップを発揮しました」というような、毎年何万人もの学生から使い古されたアピールをどれだけ上手にやったところで、そうした話を聞き飽きた有名企業の人事担当を説得できるとは考えられません。

就活マニュアルや就活情報サイトなどで目にするこのようなエピソードを書くくらいであれば、むしろ「お客さんの中でも高齢者中心にコミュニケーションを取った苦労話」とか、「リーダーを支えて地道に活動したフォロワーシップの話」、他にも理系であれば「単調な研究の中でも目的を見失わない地道な性格」など、「企業が『雇いたい』と思う」ことが何であるかを考えて表現することが何より重要です。

「正解」を探そうとしてはいけない

コミュニケーションそのものは目的ではありません。目的達成するために、コミュニケーションというツールを使うのです。これは絶対に間違ってはならない順番です。達成したい目的が定められなければ、コミュニケーションに意味がなく、どれだけ技術を高めたところで「上手なコミュニケーション」に至ることはできません。

コミュニケーションが上手く取れない人や、就活で思うように進まない学生は、ほとんどこの逆をいっています。「良いコミュニケーション」、「良い答え」を探すことだけに力を注ぎ、肝心の目的が何だかわからなくなっているのです。

例えば、「人脈を広げたい」と異業種交流会でたくさんの名刺を交換する人がいます。「人脈を広げる」目的のために、本当に「名刺交換」が必要なのでしょうか。もちろん新たな出会いがなければ「広がり」が出ないのですから、異業種交流会に出ることも、名刺交換することも何も悪くはありません。しかしそれが逆転して、異業種交流会に出ることが目的化してしまっては本末転倒です。

なぜ「人脈を広げたいのか」という目的、新たな出資者を探したいのか、顧客を開拓したいのか、友達を作りたいのかを明確にすることが土台になるのです。異業種交流会で千人の人と名刺交換できたとして、それが何につながるのでしょうか。果たしたい目的がない名刺収集は、ただの「カード集め」に過ぎません。

人脈と呼べるような関係性構築を目指すのであれば、名刺交換ではなく、もっと深い関係を築かなければなりません。名刺交換は良いとして、その後のフォロー、特に継続的な関係性を構築するために自分からその方へのメリットの提供をすること、などがなければ、その人も自分に何かしてくれることなどないでしょう。そういうギブアンドテイクの関係がなければ、それは人脈とは呼べないのではないでしょうか。

有名大学の学生でも、片っぱしから大手・有名企業を受けまくっているにもかかわらず、成果に結びつかないことは珍しくありません。そういった学生の特徴は、大学受験の成功体験から、「正解を当てる」思考で就活に臨んでいることです。「過去の成功例」「過去の採用パターン」を踏襲することには長《た》けているものの、採用する側の企業が求めるものが何であるかに考えが及んでいないことが多くあります。

企業が求めているものは「正解を当てる」能力ではなく、企業を儲《もう》けさせ、発展させるポテンシャルです。使い古された模範解答しかできない有名大学の学生より、リアルにその人らしい個性が感じられ、人柄の良さのような、企業での適応能力が感じられる学生が評価されるのは当たり前です。

「世界二〇カ国を放浪した経験」より、「地味で単調な観察作業を二年間も継続した経験」のほうが、多くの企業において求める適性に合うと判断されることでしょう。

「何が正しいか」という一般的正解ではなく、特定個人と特定組織の間で行なわれる、特定のコミュニケーションにおいて、「何が求められているか」を考え、目的設定できる人が高い適性を持っていると判断されるからでしょう。

「目的意識」を持ち、明確なその目的を設定すること。ここが戦略的コミュニケーションの基本になります。そして目的が決まれば、それに適した手段が選べるようにもなります。

例えば「言った、言わない」という不毛な論争を呼ばないために「証拠」を残したいのであれば、電話ではなくメールや書面にする。逆に、「証拠」を残したくないのであれば、電話にする。不特定多数にプレゼンテーションをする場合は、話す内容をすべて資料にまとめてもよいですが、大学の講義などでは、資料をプリントアウトし、コメントや気付きをそのコピーに書き込めるようにしたほうがよい場合もあります。

このように、コミュニケーションの目的をしっかり事前に立て、その上で目的にふさわしい手段を選ぶことも、戦略思考ができれば可能になります。

コミュニケーションの「間接アプローチ」戦略

戦いに勝つには二つの方法があります。一つは敵より強い武力を持つことで、もう一つは敵の損害が味方より大きくなることです。同じように見えるかもしれませんが、この二つは方向性が真逆です。

敵が刀を持ってきたらピストルを、ピストルを持ってきたらマシンガンを、と常に敵より優れた武力を持つことで、敵に勝つ環境を作ることができます。一方、敵と同じ武力だとしても、敵の背後から別の勢力が現われたらどうでしょう。敵は前後挟み撃ちになり、同時に二者と戦うという、必然的に不利な戦況になります。もしくは、敵に天災や伝染病が蔓延《まんえん》したり、敵内部で反乱が起こるのも同じく敵の損害を増やすことになります。

敵と正面切って武力争いをする前者が「直接アプローチ」で、後者の、敵との正面対決以外の手段で敵の損害を増やし、結果として武力を減じる方法が「間接アプローチ」と呼ばれるものです。

戦略家リデル＝ハートは著書『戦略論　間接的アプローチ』の中で、第一次・第二次両世界大戦の戦略などを題材に、この二つのアプローチについて語っており、戦略書の代表とされています。

この考え方をコミュニケーションについて応用してみると、どうなるでしょう。

プレゼンテーション力を上げ、相手を説得する技法は、いってみれば正面突破。直接アプローチともいえるでしょう。一方でこの方法は古来さまざまな秘訣《ひけつ》やノウハウが流通しているものの、皆が競う本道です。皆が競い合う以上、そこでの差別化も高いレベルが必要となります。

一方「間接アプローチ」という戦略は、一般的にはなかなか目にとまらず、その分競合も少ないといえるでしょう。この分野でコミュニケーション能力向上を図ってみてはどうでしょうか。

「自分」のしゃべり方の技術向上を直接アプローチとすれば、コミュニケーションにおける間接アプローチ戦略は「相手」について考え、対策を取ることになります。そこで、今実現しようとしているコミュニケーションの「相手」は誰か、まず何より先に特定する必要があります。

面接で採用されるための間接アプローチ

事例を用いて具体的に考えましょう。ビジネスでも就活でも良いですが、自分を相手（お客または採用企業）に売り込むコミュニケーションでの間接アプローチを考えます。目的設定は「自分とのビジネスを成功させる」あるいは「内定を得る」こととします。その実現のためには、どんなアプローチがあるでしょうか。

「自分の良いイメージを持ってもらう」のは常道であり、正論でしょう。逆に「変わったやつだと思われる」ことで、印象を残すという道もありますし、リスクは高いですが、初めは少し「イヤな印象を与える」ことがよい場合もあるかもしれません。いずれにしても、このアプローチの選択において、「相手」だったらどうするか、どう思うかを考えるのです。

「『良いイメージ』はわかりやすい分、印象が薄くなる可能性があり、『変わった、変なイメージ』は、目立つ分、嫌われるリスクがあるのではないか」

「『嫌がること』で相手に接するなんて、小学生レベルであって、ビジネスの世界ではあり得ないだろう」

このような判断をしていくことで、取捨選択をします。完全に正解のあるものではありませんが、大切なことは「相手の立場」「相手の心情」をきちんと斟酌《しんしゃく》することです。

「私の気持ちはこうです」と相手が説明してくれることは普通ないでしょうから、どこまでいっても相手の気持ちは想像でしかありません。しかしそうであっても、相手のことを考えて準備するのと、自分の実現したい目的だけしか考えないアプローチとは、経験を重ねるごとに違った結果になっていくでしょう。

では無難に「良い人そうなイメージ」を持ってもらうため、どうしていくべきでしょうか。まずは「良い人」とは何かを検証しましょう。

「信頼感があり約束を守りそう」「悪いこと（ずるいこと）をしなさそう」「仕事ができそう」などと、もう少し具体化したものを決める必要があります。この検証が戦略設定には欠かすことができません。漠然とした「良い人」のようなイメージを目的化するのに比べ、設定の時点から差ができてきます。

さらに具体化を深めます。ビジネスの場面で「良い人」という印象を植えつけるためには、今挙げたような「まじめさ」という条件に、さらに「仕事能力」が加わることで「良い人」の印象に近いことが検証できました。そうなってくれれば具体的条件に合わせ、印象を与える準備ができてきます。

例えば新規のお客さんに取引を始めてもらうために「良い人そうなイメージ」をもってもらうとするならば、「仕事ができる」印象が必要だと判断したのですから、その扱う商品やサービスについて、当然知っていなければなりません。自社製品はもちろん、競合社や価格の市況、今後の製品開発の見込みといった、仕事に係《かか》わる知識が必要になります。

就活の面接であれば、「適当にエントリーした」と思われたら「仕事ができそう」という印象付けはとても期待できません。そこで「その会社」に向けた志望動機を的確に組み立てる必要があります。その志望した会社について、製品、サービスを知っていることも当然欠かせないでしょう。

ただし新卒と既卒（転職による中途入社）では、自《おの》ずと製品知識や業界知識には差がありますので、ライバルは新卒学生なのか、中途採用の経験者なのか、しっかり見定めることが大切です。

新卒で就職活動中の学生が経験者並みに豊富な知識があれば大きな差別化の要因となるでしょうが、そのためにかけるエネルギーがあまりに膨大《ぼうだい》すぎて、現実的ではありません。それよりは業界や経済一般についての知識を得るほうがよいでしょう。「最高」より「最適」を見付けることで、その場面での適切な知識量を判断することが重要です。

新卒就活では、「社長の名前を知っているか面接で聞かれ、答えられなかったため落ちた」などという話が、私が大学生だった三〇年以上前からあります。

社長の名前を記憶しているかどうかなど、人事・経営的にはほとんど意味のない質問ですが、それでも最終面接まで来たのであればやはり社長が誰かくらいは知っておいても良いかもしれません。しかし、今や何十社、多い人では一〇〇社以上エントリーする新卒就活の環境下で、すべての応募先企業の社長名まで記憶するのは現実的とも思えません。

ここでもコミュニケーションを戦略的に考えましょう。目的を「仕事ができそう」

という印象をもってもらうことだと設定していれば、社長名を知っているかどうかは、あまり関係ありません。ゆえに、社長名を覚えていなくとも、しっかりと志望理由や自己アピールが組み立てられていれば、本来の採否においては致命的なマイナスにはならないはずです。

もちろん社風により、全社員が社長をカリスマ的に崇拝するような雰囲気の企業であれば、社長の名前を知らないことは致命的マイナスになるかもしれません。しかし、そうだとして、そのような会社で本当に働きたいでしょうか。そういった社風が合わないなら、むしろ覚えていないことでミスマッチを防げる可能性もあります。

「仕事ができる」印象にもどります。自分の中で準備できる「直接アプローチ」については、業務上の知識や企業情報の備えなどは努力と時間で対応が可能です。一方、それを訴える「相手」については何ができるでしょうか。

これが「間接アプローチ」の考え方ですが、それは何かといえば、「知識や経験を持っていること」や「それを伝えること」といった情報や意欲の「発信」ではなく、相手のことを知ること、つまり「受信」といえます。

「社長の名前を知っているか」について、相手の面接官がどう感じているか、事前にある程度読める場合も、そうでない場合もあります。先に触れたように、一代で築き上げたカリスマ社長の企業であれば、全社的に社長への崇拝的な関心は高い可能性がありますが、老舗《しにせ》の大企業においても絶対にないとはいえません。そんな場合でも、面接のように直接コミュニケーションができる場があれば、相手の意図を探ることは可能です。

自分を売り込むだけでなく、「相手の意図」を、コミュニケーションを通じて読みとっていくことこそ、面接でなすべきことです。新卒学生など、社会経験の乏しい人は得てして「読む」ことをせず、面接官の質問には初めから「正解」があり、それを当てるプロセスだと勘違いしている人が少なくありません。

そのような考えでは、面接においてもコミュニケーションが取れていない状態ですから、内定を取るのも非常に厳しくなります。他の学生が内定（内々定）をもらう時期になっても無内定状態である「無《な》い内定」の学生の多くは、このように面接をコミュニケーションではなく、「正解当て」だと考えがちです。コミュニケーション能力が低いと判断されてしまう学生は、そもそも面接の意味を勘違いしており、結果として面接戦略も間違っていることが多いのです。

「仕事ができる」人とは、初めから必勝法や直感に依存する人ではなく、状況に応じ、臨機応変に求められていることや相手の心情を類推できる人ではないでしょうか。面接というコミュニケーションを通じて、「相手」である面接官の関心や意図を読み解いていくのは、コミュニケーション能力そのものです。

自分が訴えたいこと、特に自分の希望業務や給与条件などを「伝える」ことは確かに大切ですが、それだけではなく、コミュニケーションの場であることをあらためて認識し、「相手」の意図をしっかり聞き取る能力があれば、何より「できる人」という印象につながることでしょう。

例えば「わが社への志望理由を言ってください」という質問に対し、「私は、これまで培った知識と経験を電機業界で生かしたいと考えたからです」と答える人は珍しくありません。しかし質問されたのは「わが社への志望理由」であり、「電機業界」への志望理由ではないのです。

もちろん、この人は「電機業界の中で、その会社を選んだ理由」を続けて答えるかもしれません。しかし、それでは相手が聞きたいことと、順番が異なるのです。

相手の意図や関心を読み解きながら、その求められている部分について語っていく、これこそ間接的に自分をアピールすることだといえます。自らが言いたい、訴えたいことを「伝える」のではなく、相手の求めを「受け止める」ことで、相手に合わせた満足感を提供できれば、この場のコミュニケーションは限りなく成功するでしょう。

何を求められているかという内容については、新卒学生のような社会人経験ゼロの人から、転職で職務経験をアピールしたい人まで、千差万別で画一化はできません。ご自分のアピールポイントが事前に整理できており、それを「相手」の求めに応じて提示できるなら、コミュニケーションとしてはほぼ完璧です。そうではなく、相手の関心も無視して自分の自慢話や過去の栄光を語りまくる応募者に、およそ「仕事ができる」印象はもてないことでしょう。

コミュニケーションにおける間接アプローチでは、自分の組み立てではなく、まずは「相手」の関心を探り当て、そこにまっすぐに情報を届けることで、自分中心ではなく相手中心のコミュニケーション実現を目指すことができます。そのためにも「聞き方」はもっとも大切な能力となります。

相手の「ニーズ」をつかむ方法

相手のニーズをつかむためのコツはあるのでしょうか。それには、マーケティングの考え方が応用できると思います。

企業のマーケティングでは、その担当するプロダクト（商品）やサービスについて、消費者が買ったことで得られるポジティブな要素や便益を、「プロダクト・ベネフィット」と呼びます。例えばコーヒーは、飲み物としておいしいだけでなく、「眠気が覚める」「ポリフェノールが入っていて体に良い」「頭が冴《さ》えて、仕事や勉強がはかどる」といったメリットも持っています。またコマーシャルなどで有名人を使い、「有名人も推薦する」といった印象を付けることで、その商品の価値を高める方法もあります。

こうしたマーケティングの考え方こそ、消費者ニーズをつかむためのものです。プロダクト・ベネフィットの視点で、あらためて既存製品の販売促進での売り方を変えるとか、これまで消費者に顧《かえり》みられてこなかった新たなベネフィットを打ち出して、再度ヒットさせるという行為がマーケティング活動です。

これを応用するなら、「相手」が何を欲しているか、どんなニーズを持っているのかを考える際にも、「相手のメリット」や「相手の求めるもの」が何であるか、何が相手にとって「得」なのかを考えましょう。

「無機化学の専門知識のある人が欲しい」

「営業経験はなくとも、営業センスのある人が欲しい」

「価格は高くても、めんどうな手続きを省きたい」

「自分で設定はできるから、とにかく安いのが一番」

といった、「相手」の要望やメリットを見つける必要があります。

自分が「言いたい」、「伝えたい」という、自分目線の考え方ばかりしていますと、そうしたものが見えなくなります。そこで、今、達成したい目的において、「相手」

のメリットは何か、相手の得になるような成果は何かを考えます。

「相手は富裕層なので、価格は高くてもかまわないが、時間的拘束《こうそく》を嫌がる。ゆえに一回の手続きですべて完了できるワンストップ形態がメリット」

「学生なのでモノを売った経験はないが、OB会担当として、先輩社会人から寄付を集める係を務め、電話やメールより手紙でのお願いが有効ではないかと考え、郵便を二〇〇〇通送り、結果として一五万円の寄付金を集めた実行力を持つ」

このように、ブレーンストーミング風に、あまり整合性のないアイデアも含めてランダムに書いてみるのが良いでしょう。一つのアイデアに相乗りして、さらに突き詰めた相手のメリットを考えだせるくらいまで思考が進めば、かなりの準備ができたことになります。チェスや将棋の名人が、頭の中で対局をシミュレーションして戦略構想を練るのと同様に、「相手のメリット」という視点でコミュニケーションを考える訓練をすることは、戦略思考を鍛える点からも有効な方法といえます。

第3章 「コミュ力」を上げる聞き方と伝え方

聞き方の技術「傾聴《けいちょう》」とは

前章では、コミュニケーションは「発信」である上手な話し方だけにとどまらず、「受信」としての聞き方を鍛えることで、相対的に能力向上が図れるという概観を説明しました。さらに、具体的な技術を見ていきましょう。

話し方を能動的にデザインし、さまざまなプレゼンテーション技術を駆使するといった方法があることは容易に想像できるでしょうが、片や「聞き方」に、そもそも技術などあるのでしょうか。

「聞き方」の技術にとって、重要なのは「相手」です。「自分」が変わることでコミュニケーション能力を向上させるのではなく、「相手」に働きかけることで、話をしやすくなる環境を作る方法、それを「傾聴」と呼びます。

「相手」が話しやすい環境であれば、発信される情報は増えます。受け止める情報が増えると同時に、上手な「聞き方」を駆使することによって、総合的なコミュニケーション能力が向上するという仕組みです。コミュニケーション能力の養成においてはプレゼンテーション能力など「発信」ばかりに注目が集まる中、ほとんど顧《かえり》みられていない「聞き方」を鍛えることは戦略的にも適切な選択だといえます。

私はカウンセラーとして、最大時年間四〇〇例以上のカウンセリングセッションを持ったことがあります。カウンセリングでは、キャリアカウンセラーとして、相談者(クライアント)の方の話をしっかりと聞くことになります。その時にカウンセラーが用いる手法に「積極的傾聴法」があります。

これは、日本でもっともポピュラーなカウンセリング技法の一つで、アメリカの心理学者カール・ロジャーズが提唱したアクティブ・リスニング(Active Listening)を、「積極的傾聴法」と訳したものです。もちろんカウンセリング手法は傾聴法以外にも多々ありますが、一般的に理解がしやすく、また本格的カウンセリングでなくとも一般的コミュニケーションにおいて利用できる点で便利な手法といえます。

簡単にいえば、相手が話している時に「もっと話したい、もっと聞いてもらいたい」と思わせるような、聞く側の態度、聞き方の技術です。重要なことは、直接相手に介入するのではなく、間接的に、話しやすい環境作りをするということです。相手を動揺させるような鋭い質問や、口を割らせるための仕掛けをするのではなく、相手が自然に、無理なく話をできるように、あくまで設定だけをするところが傾聴の技法です。

アメリカの著名ジャーナリストなどが、政治家や財界人などに議論をふっかけ、相手を怒らせるような挑発でその本性をさらけ出させたり、つい口を滑らせた言質《げんち》を取ることで、追及の糸口を見出《みいだ》すような攻撃的コミュニケーションとは「真逆」ともいえる、自然で穏《おだ》やかな手法です。

英語のことわざで「馬を水辺に連れていくことはできるが、水を飲ませることはできない。(You can lead a horse to water, but you can't make it drink.)」というものがあります。無理やり相手をしゃべらせることはできませんが、話しやすい環境を作ることによって、知らず識らずの内に相手が話をしてしまうような空間を作ることが傾聴だと理解してください。その傾聴実現のために、特に「受容」と「共感」という考え方を基本としています。

「受容」とは、文字通り「受け入れること」です。これは「無条件の肯定的配慮」という言い方もあり、「相手」に対して常に肯定的な関心を持ち、その意思をさえぎらずに聞く態度です。

大切なことは「(コミュニケーションの間) 常に」肯定的な関心を持つことです。これは、相手のいうことすべてに従うとか、相手が絶対正しいという意味ではありません。コミュニケーション促進のため、そのコミュニケーションの間は、本心や信念とは関係なく、「肯定的に」相手の主張を受け止める技法なのです。

例えば原子力発電に反対意見を持っている人であっても、「傾聴」を実現するためには、相手が原発推進だという意見を述べているなら、少なくともその相手とのコミュニケーションの間だけは「原発推進」という考えを受け入れます。根本的な思想信条を変える必要はまったくありません。単にコミュニケーションの間だけ限定で、相手の主張を受け止めること。それが「受容」です。

もしこの受容の過程で、自らの信念を持ち出してしまうと、傾聴はただちに中断してしまいます。傾聴は議論ではなく、あくまで「相手」が話しやすい空間、環境を作りだす技法です。相手が話しやすければ、会話も進みます。人間には本能的に自らをわかってほしい「自己承認」の欲求があり、傾聴法はそうした本能的な部分にも影響して、相手が話しやすくなる環境を作ります。

ロジャーズはもう一つの要素、「共感」も重視すべきとしています。正しくは「共感的理解」といい、これは相手の立場に立って、あたかも自らが感じたような、体験したような理解をすることです。

気もそぞろにわかったふりをする、表面的な相槌《あいづち》を打つのは共感の逆になります。もちろんあくまで「相手の立場に立って感じる」だけで、相手と同じ経験をする必要はありません。子供のころ親に叱られた時、まったく納得がいかずに生返事をしたことはありませんでしたか。

(親)「宿題やってから遊びに行けって言ったでしょ！」

(子)「はいはい、わかってます」

だいたいそのような反発心は確実に親に読まれ、さらに叱られるということにもなったりします。親の言いつけに対し、言葉では肯定していても「共感」して理解はできていない状態です。これまた「受容」と同じく、心底そうした意見を受け入れたかどうかではなく、少なくともそのコミュニケーションの間だけは、わがことのように親身に感じ取るのです。宿題を忘れて困った事態になることを心配してくれる親への感謝の気持ちをもって、返事ができることが重要です。

最強のツール「オウム返し」

傾聴のための土台となる考え方「受容」と「共感」を踏まえた、言語的技法の一つに、「オウム返し」があります。鳥のオウムのごとく、相手の言ったことをそのまま伝え返すことです。非常にシンプルで、意識せずとも普段から使っていることもあるのではないでしょうか。変に自分勝手な言い換えをしたり、ニュアンスの違う表現をするより、相手の発した言葉をそのまま使うことで、「オウム返し」は強力なツールとなります。

実際の会話では、こうした原則をもとに、さらに技術を用いて実現していきます。
例えば「傾聴」を意識しない会話では、次のようなものがよくあります。

(相手)「昨日実家に寄ったんだよ」
(自分)「何しに?」
(相手)「たまたま近くに行ったんでね、そしたら親父が寝込んでてね」
(自分)「何の病気?」
(相手)「たいしたことないらしいけど、もう歳だから心配だよね」
(自分)「へー、そうなんだ」

このままだらだらと会話が続くかもしれませんし、フェードアウトしてしまうかもしれません。そこで、「オウム返し」を意識して、傾聴実現のために使ってみると次のようになります。

（相手）「昨日実家に寄ったんだよ」
（自分）「実家に？」
（相手）「そしたら親父がケガで寝込んでてね」
（自分）「ケガで？」
（相手）「そうそう、もう歳だから心配だよね」
（自分）「もう歳？　心配だね」

単に相手の発言の中に出た単語や言葉の一部を繰り返しているだけですが、立派に会話が成り立っています。

いずれの会話も、特に良いことも悪いことも相手に対しては言ってはいませんが、「相手」の感情はどうでしょう。オウム返しを取り入れた会話のほうが、相手を受け止め、共感するような雰囲気が出て、「話しやすい」「もっと話したい」気持ちになるように感じるのではないでしょうか。

会話において、「相手の話を聞いていますよ」というサインを出すためには、「ええ」とか「なるほど」といった言葉でもよいのですが、それだけでは相手に生返事をしているととらえられかねません。その際に相手の発した言葉、単語、文をそのまま気持ちを込めて繰り返すことは、非常に有効な方法なのです。

何しろその言葉を発したのは「相手」自身です。他人が表現した言葉に違和感を覚えることはあっても、自分のいった言葉にそう感じることはまずありません。つまり失敗することがほとんどなく、上手くはまれば共感が伝わりやすい。なおかつ自分で言葉を探さずとも「相手」が発する言葉を利用するだけでよいのです。

オウム返しは、相手の気持ちから外れにくく、「相手が」受け入れやすい空間を作れ、それでいて失敗するリスクが限りなく低いという、最強のツールだといえるでしょう。

オウム返しをする上で一番重要なことは、「相手」の気持ちへの「共感」があって初めて成り立つという点です。ただ単に言葉の一部を繰り返すだけでは「共感」になりません。とはいえ、相手を好きになったり、相手のいうことを全面的に賛同する必要はありません。

傾聴は技術であって精神論ではありませんから、意識してそのコミュニケーションの間は集中し、相手の感情を汲むことが前提になります。あくまで限られた空間と時間の制限の中でだけは、相手の気持ちを中心に置くということです。相手の気持ちになって、相手の感情がこめられていると考えられる言葉を繰り返すことで、単なるオウム返しが、戦略コミュニケーションである「傾聴」として成立します。

ビジネスの場面でこそ傾聴は役立つ

もっとも大切なものは相手の「感情」です。ビジネスの場面等であれば、必ずしも感情は前面には出ず、職務上の立場や会社としての建前や都合といった、理性が前面に出てくることが普通です。

しかし感情をむき出しにしない、理性的な人であっても、感情がないのではありません。理性の力で感情を抑え込んでいる人は、特にビジネスの世界では多数いるでしょう。しかしそれでも言葉のはしばしや表現をしっかりと聞いてみれば、そこには何らかの感情がこもっている言葉があるはずです。

「言葉」や「単語」になっていない場合でも、声のトーンや抑揚、スピードといったコミュニケーションのすべてを見渡してみれば、まったくの無感情でコミュニケーションをとれる人はまずいないことに気付くでしょう。

「感情がこもっている言葉」とは感情そのものを表わす言葉とは限りません。悲しい時に「私は悲しい」と直接的に表現するより、そうした気持ちを婉曲《えんきょく》に表現するのが普通です。特にビジネスの場面では、感情を押し殺そうとする人が少なくありませんから、いくら待っても言葉が出てこないことは珍しくありません。「共感」を心がけることによって、相手が「悲しい」という言葉を発さなくとも、言葉や様子のはしばしに感じられる悲しみを汲み取ることが、傾聴では非常に重要です。

傾聴はビジネスにおいてもきわめて有効です。腕の立つ経営者は自分が意見を発するより、部下や周囲の意見を聞く能力に長けていると言われます。意識無意識を問わず、「傾聴」ができている経営者は少なくありません。

私はコンサルティングや大学の仕事でたくさんの経営者の方々ともお会いします。圧倒的に多くの経営者は、時と場合をしっかりと読み、話す時は話し、聞く時は聞くことに切り替えが巧《たく》みです。

社長などトップ自らが、現場の社員や時にはアルバイトまで直接話を聞きに行くという例も少なくありません。これは現場の声を拾うだけでなく、「トップと話す」「トップが自分の話を聞いてくれた」という自己承認の欲求をも満たすことにつながり、おおいにモラール（士気）高揚にもつながるのです。

組織を率いる立場の人はこうしたモラールアップに長けている人が多数います。パナソニック創業者で、「経営の神様」こと松下幸之助《まつしたこうのすけ》氏の生前、ともに仕事をしていたことがある方によれば、「自分のような若造の報告を、あの『経営の神様』がよく聞いてくれた。『あんた、よう知ってはるな』といわれ、有頂天になった」そうです。

松下幸之助氏が意図して傾聴をしていたかどうかは別として、「相手」に大きな影響をもたらすコミュニケーションを実践していたであろうことは容易に想像できます。あの松下電器産業（現・パナソニック）という、巨大な企業組織を一代で築き上げた実績が、それを物語っているのではないでしょうか。

「ラポール」を形成する

「共感」と「受容」という視点を持ち、さらに「オウム返し」を使う傾聴は、「聞く」姿勢を受け身なものから、能動的なコミュニケーションに変えます。

傾聴の重要な効能は、決して相手に負荷をかけたり、相手の心にずかずかと土足で踏み込み、無理やり意見を通すことではありません。その逆で、「相手」自らが自然に話している環境を維持しつつ、自分との距離感が縮まっていくことです。それは一方的に相手の意見を聞くだけの効果にとどまりません。

心理学に「返報性の法則（原理）」というものがあります。これは、人間は「相手にされたことと同じことをしたくなる」という心理のことをいいます。

フレンドリーに接する人にはフレンドリーに、敵対的な人には敵対的、あるいは防御的に接するというようなものです。傾聴技法によって相手の話をしっかり聞いていることを「積極的」に示すことができます。これにより、コミュニケーションがさらに深まっていくことが期待できるのです。

私がキャリアカウンセラーとして接してきた内容は多岐にわたり、「キャリア」にとどまらず、家庭問題やご自分の個人的な問題、人生相談までさまざまな話を伺ってきました。さらにはメンタルヘルスの不調で、すでに精神疾患状態にまでなっている方に会ったことも少なくありませんでした。

精神疾患の治療は私の領域ではありませんので、精神科医など適切な紹介を行ないますが、それは事前にわかるものではありません。カウンセリングの中で来談者の方から伝えられたり、私自身がそうした可能性を感じて受診を勧めることもあります。

しかしいくらカウンセラーであるからといって、いきなり「具合が良くないようですから精神科に行ったらどうですか」と言われて受け入れる人は普通いないでしょう。このようなデリケートなことは、来談者の方とカウンセラーがある種の親和状態になって、初めて可能になります。

これは決して友情や愛情によるものではなく、カウンセリング理論と技術によって作り出す、互いに無理なくコミュニケーションが交わせる状況です。心理学ではこれを「ラポール」と呼び、ラポールを形成することは、カウンセリングセッションにおいて、常に目指すものになります。

ただしプロのカウンセラーであっても、ラポールを実現するのは簡単ではありません。ラポールに至るには傾聴を行ない、来談者とカウンセラーの間に信頼関係を築かなければならないのです。プロのカウンセラーが、心理学的技法を用い、来談者とラポールの状態に至った時、初めて受診を勧めたり、アドバイスなどができます。カウンセリングに抵抗があり、ラポール形成以前で堂々めぐりすることも決して珍しいことではありません。カウンセラーはアドバイスをする人ではなく、「まず、全面的に聞く人」なのです。

このような深い関係性を一般的なコミュニケーションにおいて実現するのは現実的ではありません。しかしその導入部分である「傾聴」については、プロのカウンセラーも使う重要な技法だということがご理解いただければ十分です。

「質問」と「要約」による傾聴

オウム返し以外にも、言葉（言語）を使う傾聴技術があります。「質問」と「要約」です。

話をしていて、中身にのめり込むほど聞き入ってしまう時、あなたはどんな行動を取っているでしょうか。納得すると同時に、いろいろな疑問が湧き起こり、話し手に質問していないでしょうか。逆に興味のない話をする相手に対しては、お付き合いでふんふんとうなずくことはあっても、自分から質問したりはしないことが多いのではないでしょうか。

自らお金を払って参加した講演や、趣味をきわめるためのセミナーなどでは、必死にメモを取りながらわき目もふらずに聞き入ることもあるでしょう。一方、会社や学校の強制だったり、義務でしぶしぶ聞かされる話にはまったく興味を感じないことも多いものです。そんな時に「質問」は浮かばず、一刻も早く終わってほしいと願ったりするものです。

初めてお付き合いする方については、好きな音楽、好きな映画、好きな食べ物など、次から次へと疑問が湧いてきませんか。それは相手のことを好きであるがゆえに、もっと知りたい、もっと相手との距離を縮めたいという心理が、そうさせるのでしょう。

「質問」することは、このように「相手」への強い関心を表わします。それを意図的に行なうことは傾聴技法としても非常に有効だといえます。少なくとも黙って聞いている人より、的を射た質問を適宜はさんでくる人は、しっかり聞いているように見えますし、実際そこまできちんと質問できていれば、コミュニケーションも深まっていることが普通です。

ただ、ここでも気をつけるべきことは、傾聴の基本はあくまで（相手が）話しやすい環境作りであって、無理に話をさせるということではありません。質問すれば普通は何らかの返答や反応があるはずですが、それはある種、相手に話をさせている状態でもあります。

質問に頼って相手に話をさせることは、技術的に可能ではあるものの、傾聴の本質ではありません。犯人を取り調べる警察官や検察官なども、ずっと厳しい質問ばかりをしているのではなく、取り調べと関係ない雑談などもしたりすることで、犯人の気持ちを懐柔して捜査を進めることもあるといいます。まして傾聴を行なう以上、尋問のように質問攻めにして相手と接するのは本末転倒といえます。

私はこれまで千人以上のキャリアカウンセラーを育成してきました。産業カウンセラーやＣＤＡ（キャリア・デベロップメント・アドバイザー）といった、公的なカウンセラー資格取得を目指す人たちの実技試験である、カウンセリングロールプレーの受験指導では、国内でも最大の養成者数だと思います。

こうしたプロのカウンセラーを目指す人たちでさえ、ロールプレーの練習の最初のころは「質問頼り」や「質問攻め」で、来談者であるクライアントさんに接する人が少なくありません。しかしこうした無理に話をさせるような進行では、数分間の会話はできても、実技試験の一〇分間のロールプレーすら持て余してしまいます。

質問は、戦略的なコミュニケーションにとってかなり重要な技法です。それゆえ使い方を誤れば本来の機能を発揮しないどころか、逆にコミュニケーションを断絶させてしまう危険すらあります。

しかし話を聞くのに夢中で、いざ質問をせよといわれても、なかなか難しいと感じるかもしれませんが、一つ簡単で、応用の利くものがあります。それが、先ほども説明した「オウム返し」です。オウム返しでは、「相手」が発した言葉そのものや、単語の一部を切り取って、伝え返すものだという説明をしました。その時の例文を今一度見てください（101ページ）。

オウム返しした単語の語尾にみな、クエスチョンマークが付いていて、疑問文になっています。日本語でも英語でも同じですが、文章として完成していなくとも、言葉の語尾を上げることで、質問や疑問の意味を表わすことができます。

「もう歳？　心配だね」の「歳」の語尾を上げれば、単に単語を発しただけで「もう歳だと判断するのですか？」という疑問を呈する受け答えになります。もちろんイントネーションを変え、語尾を下げるようにすれば、疑問文ではなく、単にその言葉の意味をかみしめるような、肯定的な印象も作ることができます。

「もう歳って、お父さんはおいくつなの？」と正しい疑問文にするのは悪くありませんが、会話のリズム感が乱れるような言葉をさしはさむと、正しい文であっても、話がしづらくなることがあり得ます。傾聴の実行のために話を聞いているのであれば、リズム感を大切にし、相手もそのリズムに乗って話し続けられるようなテンポで質問をはさむべきでしょう。オウム返しの語尾を上げる方法は、普通のオウム返しと同様、自分がゼロから考える必要がなく、相手がその素材を渡してくれるのですから、簡単かつ強力なものといえます。

もう一つ、すぐ使える技法に「要約」があります。これまた話の中で、相手の説明が進むとともに、その理解も進みます。話を聞きながら、それをまとめて「要するにこうしたんだね！」などと会話で伝え返すのが「要約」です。

「要約」といっても、適切な情報をまとめるということが目的なのではなく、むしろ「きちんと聞いている」「あなたの話に興味がある」ということを具体的に表現するため、流れを損《そこ》なわなそうな適切なタイミングで、相手の話を要約して、伝え返すことが重要です。

相手が伝えたいと考えるコミュニケーションの目的や、相手の感情が強く出ていると感じる部分、結論、主旨といったところが一致するような要約であれば、かなり正確に相手の話を理解している可能性が高くなります。

話のひと区切りついた時や、話の途中であっても適切な「要約」であれば、「話をさえぎられた」と感じるより、逆に「良くわかってくれた」という心情につながる可能性が高いでしょう。これまたしっかり聞いていることを相手に伝え返すことが目的で、傾聴技法の中で重要なものの一つです。

戦略的「質問」術

コミュニケーションにおいて、「質問」は欠かすことのできない手法です。ここでもまた戦略的な使い方を意識することが大切です。

質問は質問に過ぎないのだから、そこに位置付けなどないと思うかもしれませんが、コミュニケーションの実現において、すべての要素で戦略目的を設定することができます。またそうすることによって、質問は、単に必要な情報を獲得するだけでなく、獲得できる情報を増やしたり、広げたり、さらにはコミュニケーション促進のために使えたりもします。

東工大教授の池上彰《いけがみあきら》先生のインタビューで読んだのですが、池上先生が使う有名なフレーズで、テレビ番組で有名になった「いい質問ですね」には、ある機能があるとのことです。

台本通りにニュース解説をしていても、現場では他の出演者、特に芸人さんなど、アドリブで自由に、時には台本からはずれて話を振ってくる人たちがいます。そんな中で振られた質問で、台本にあった流れに沿うもの、台本に戻れるような内容の質問があった時に「いい質問ですね」と言うとおっしゃっていました。まさにテレビ番組という環境におけるコミュニケーションのあり方を知り抜いた、プロの進行だと感銘を受けた覚えがあります。

戦略的「質問」とは何かを考えてみましょう。インターネットの質問コーナーや掲示板などにおいて、あまりに単純で無知そのものの質問が書き込まれると、「ggrks」(ググれ、カス)と中傷されます。これは「グーグルで検索しろ」という意味のネットスラングです。

ネットという情報の海の中でコミュニケーションをしているにもかかわらず、単純に検索すればまず間違いなく一発でわかる程度の情報も丸投げして質問するという、インテリジェンスの低い姿勢が批判されてのものです。他にも「教えて君」などと呼ばれ、それぞれ個人の事情やケース・バイ・ケースで考え方も違うような問題であるにもかかわらず、他人に価値判断や善悪を聞いてくる姿勢は、同様に軽蔑と批判の対象となります。

就職活動中の学生がしがちな「○○株式会社って、ブラック企業ですか?」という類《たぐい》の、そもそも個人の価値観でしか判定のしようがないようなことに、他人の判断を仰ぐという姿勢は知性を感じさせない、戦略的ではない質問といえるでしょう。

そうならないために、質問をするにあたっても、コミュニケーションの原則にしたがい、きちんと整理をして臨む必要があります。先の「ブラック企業かどうか」という質問は、何を聞きたいのでしょうか。

サービス残業の有無や短期での退職傾向、パワハラ・セクハラなどの横行でしょうか。外資系のコンサルタント会社などでは毎晩終電くらいまでの残業や休日出勤も珍しくはありませんが、一方で他業種と比べ相当高い給与水準で、単に労働時間の長短だけで決まるとは考えられません。また業績が悪ければ職場にいづらくなって、退職せざるを得ないという人もいます。給与が高いとか安いとかは、こうした状況も加味しなければ判断できません。パワハラ・セクハラに至っては、もちろん許されるものではありませんが、一方、誰がどのようにしてその判定をするのかなど、非常に複雑なものとなっています。誰かの意見をそのまま鵜呑《うの》みにできるようなものではありません。

そのように単純には白黒の判断できないようなことを、そのまま丸投げで質問するという行為が、「自分で考えていない」「考えることができない」と受け取られて、インテリジェンス欠如に結びつくのです。

しかし質問の目的を「実際の残業時間の多さ」というように、具体的なものとしたらどうでしょう。名目上ではなく、現実に発生している残業時間が多い少ないであれば、かなり必要な情報に近づける可能性が高まります。もちろんそれですら同じ会社でも部署によって異なったり、季節やオン／オフシーズンで差がある可能性もあります。それでも価値判断を丸投げする質問に比べ、はるかに焦点を絞った、まさに的を射た質問といえるのではないでしょうか。

つまりはコミュニケーションの原則にあるように、質問を通じて達成したい目的が明確になっていれば、的外れな、インテリジェンスを疑われるような質問にはなりません。そうではなく、質問によって得ようとしている情報の意味や位置付けが不明確なまま、ただ知らないから、わからないから思いつくまま聞いているという質問が、一番問題なのです。

その質問の主旨が相手にわかりづらく、意味不明、意図不詳な質問では、質問者自身のインテリジェンスが著しく低く見えます。みすみすバカに見えるような質問にならないよう、きちんと準備をして尋ねる必要があります。つまり、ここまで何度となく戦略的コミュニケーションとして訴えてきた、主たるメッセージの目的設定が、質問においても有効ということなのです。

インターネット掲示板やSNSでも、その表題を「質問」、「教えてください」、「相談です」といった、まったく情報としての役割を果たさないものにしてしまうのは、そうした意味が理解できていないからです。浮かんだ疑問を自身の中で整理し、その得たい情報として絞り込むことで、有効で知性も高い質問ができるのです。

質問でコミュニケーションをスムーズにする

また、質問の機能は情報を得ることだけではありません。コミュニケーションが一方的伝達、プレゼンテーションではなく、相互の意思疎通であることを繰り返し述べてきましたが、その互いの意思をやり取りする過程においても戦略的な役割を果たすことができます。

質問には先に解説した、「傾聴」のために、積極的に相手に働きかける技法としての機能があるのです。

私のようなカウンセラーが、カウンセリングセッションを通じて、来談者の方と話す際は決して「答え」を提示することはありません。キャリアカウンセリングであっても、「あなたは今の仕事を辞めるべきです」とか「もっと努力して今の職場を続けなさい」というような、明確な行動指示をすることはありません。それはカウンセリングの主旨ではないからです。

その代わり、前に述べたように「傾聴」を中心とするカウンセリング技法を用い、来談者の方が話しやすい環境を作ります。カウンセラーが意見を述べたり指導をしたり、正解を提示するのではなく、来談者が自らを振り返っていくプロセス、すなわち内省化がカウンセリングです。占いとカウンセリングの決定的な違いがここで、カウンセリングでは神や天のお告げのような「指示がない」ところにあります。

「質問」は、傾聴の技法の中でも非常に重要かつ有効なものです。カウンセラーは正解を判断するための情報収集としてではなく、質問という切り口で、来談者が話すきっかけを作っているのです。

カウンセリングに臨む来談者の方には、カウンセラーはどんな話も受け止め、その内容がカウンセリングの空間の外へ漏れることはないという守秘義務などについても、セッション時には説明がされます。しかしそれでも、自分自身のキャリアや心の問題については、なかなか自ら口を開くことのできる人は少ないのが現実です。

そんな来談者の方に「さあどんどん話してください」「何でも聞きますよ」と伝えたところで、そんなことをいわれたくらいでペラペラと話ができる人はほとんどいません。「さあ話して！」と要求するより、カウンセラーの側から適切な質問をすることで、セッションが始まっていくことが多いのです。

そのような時の質問のコツは、情報を聞き出すためではなく、話すきっかけになるようなものです。具体的な情報を指し示すような質問より、どうとでも答えられる、漠然とした質問を意図的に投げることが珍しくありません。例えば次のようなものです。

「ご状況はいかがですか」（「ご状況」が何を指しているのか、職場／体調／家庭／自身の精神状態……と、いかようにもとらえることができ、話す内容を拘束しない）

「仕事がうまくいかないということですが、どんな感じでしょう」（キャリアへの疑問などの相談であっても、実際にはキャリア以外に問題をかかえていたり、隠れていることもあり、こちらもまた「どんな感じ」という表現を使って、仕事以外の内容であっても広く受けられるようにしている）

事前の予約段階で来談者の方の相談希望内容などはある程度出してもらっていますので、それをさらに広く聞いてみる、このような漠然とした質問は、来談者のフリーハンドを増やしますので、より話しやすい環境作りに結びつくでしょう。逆に的をきっちりと絞った質問をしたらどうなるでしょうか。

「体調が悪く、欠勤もしているということですが、どんな体調ですか」

これでは精神的や肉体的な、医学面での症状や状況「以外」を説明しづらくなります。

「職場でのトラブルとは何が起こったのですか」

これもまた具体的に事実や関係者の特定など、警察の取り調べのような事情聴取になりかねません。

特に私が注意しているのは、つい職場では使いがちな「具体的には？」という質問です。情報を得るための質問としては何ら問題のある言葉ではありませんが、今ここで取り組んでいるのは傾聴のための、来談者が話しやすい環境作りのために質問を使う方法です。

そもそもカウンセラーは警察官でも裁判官でもありませんから、真実を突き止める能力も権限もありません。「具体的には?」という質問には、真実や事実確認の方向性が強すぎて、来談者の方に「いいかげんな話はするな」「抽象的な情報は不要」と宣言しているようなものです。これでは傾聴の項で説明した「ラポール」と呼ばれる信頼関係構築の瞬間は来ません。

上司が部下に投げかけがちな「結論からいいなさい」とか「それで結論は何?」といった言葉も同じです。忙しいビジネス環境では、「結論から」というのが一般的ビジネスプロトコール(ルール、規範)であり、情報の取り扱い方ではあります。ですから後述の「伝え方」のセクションでは、結論から話す方法を勧めています。

しかし、傾聴においては、ビジネス上、正しいかどうかではなく、「相手」となる部下が「話しやすい」かどうかが最優先の順位となります。鋭い突っ込みや、相手の痛いところを突く質問も同じく、「傾聴」においては必要ありません。

私はコミュニケーション研修などを通じ、むしろ有能で、「デキる」上司ほど、こうした傾聴の逆コミュニケーションを取りがちな傾向にあると感じます。普段のビジネス遂行と傾聴はまったく別物であることを、明確に意識して臨んでください。

クローズド・クエスチョンとオープン・クエスチョン

質問には、大きく分けて二種類あります。

はい・いいえで答えられる、選択肢で答えられる質問を「クローズド・クエスチョン（閉ざされた質問）」と呼び、いわゆる5W1H（なぜ・なに・どこ・どう・いつ・どのように）のように、定型的な答えがない質問を「オープン・クエスチョン（開かれた質問）」と呼びます。クローズド・クエスチョンは「はい」「いいえ」「右」「左」「1番」「3番」と、答えるものは選択肢が決まっています。一方のオープン・クエスチョンでは定型的な答えはありませんから、何らかの言葉は相手自ら作り出さなければなりません。

勘違いされている方も多いのですが、このクローズドとオープンの違いは機能の差であって、良し悪しではありません。

確かにクローズド・クエスチョンは答えがシンプルなので、話が選択肢を答えれば終わってしまうかもしれません。しかしその分「答えやすい」メリットもありますから、寡黙《かもく》な人でもクローズド・クエスチョンなら返答しやすい可能性があります。

一方のオープン・クエスチョンは、自由に相手が答えることができますので、話がぐっと広がる可能性が高まります。ただしそれは「相手が話せる」ことが前提で、おしゃべりな相手に対してのオープン・クエスチョンは、格好の司会進行となり、どんどん相手は話をしやすくなる可能性があります。

しかし、寡黙な人にオープン・クエスチョンを振ると、答えを考えたり発したりするのに時間がかかって、結局話が進まないこともあり得ます。このようにクローズドとオープンはその違いを理解し、上手く使い分ければ良いのです。

私はイベントや雑誌などで対談のホストを務めることもありますが、そんな時の進行は、カウンセリングの質問と同じ感覚で進めます。事前に対談相手のことはある程度調べることができますし、資料をいただける場合もあります。

しかし本番では、そうした下調べですでに知っていることも、あえて質問します。それは、相手の方の良さや魅力を伝えるために必要な情報の「紹介」のきっかけになるからです。

つまり、「対談」というコミュニケーションにおいては、一番の目的が、情報収集ではなく、相手の良さやおもしろさ、魅力を伝えることにあるということを意識することが大事なのです。

カウンセリングの来談者と違い、対談相手の方は基本的に話すのが得意な方が多いでしょう。そうであるならカウンセリングとは異なり、今度は意図的に内容を絞った、具体的な質問をすることが多くなります。

しかし、あまり突っ込んだ質問ばかりしていると、前提知識を持たない聴衆は置いてけぼりになってしまいます。すると、聴衆の反応も悪くなり、対談そのものも雰囲気が悪くなってしまいます。だからこそ、質問の組み立てには十分事前に検討し、相手の方の良さが少しでも出るような質問やその質問の順番といった構成を考えるのです。

芸能人や政治家、経営者など、何がしかの成功を収めた人の魅力を知りたくて会場に集まったり、雑誌を買ったりするお客さんの視点を取り入れたり、一般の人がまだ知らないその人の魅力を語ってもらうためのきっかけとして、質問は有効な武器になります。また、こうした質問力は、目上の人や営業の人が顧客と会話する際にも役立ちます。

質問そのものの工夫としては、いきなり「あなたがどれだけ社長として実績を上げたか、説明してください」とストレートに切り出すより、「ご自身で『実績』と評価するものとは何でしょうか？　特に社長になられてからの範囲でお聞かせいただけますか」というように、質問を段階や階層に分けて、さらに「間」をとった投げかけをすることで、その方も自然な感じで「成功談」を話し始めやすくなります。

質問の順番としては、ただ思ったこと、聞きたいことをいきなり聞くのではなく、広いテーマやゆるい内容から、徐々に狭く絞った質問へと移ることで、話し手に道筋を提示できます。内容の誘導ではなく、あくまで進む道しるべのようなものといえます。

質問を二段階に分けることによって、ガイド機能が生まれます。ガイドを提示することによって、話し手は自然に話がしやすくなります。「ご自身の成功の秘訣は何ですか?」と切り込むのは、話し手にとっても語りづらくなってしまうので、少なくとも対談でいきなり聞くことはありません。質問を(相手が)話すためのきっかけ作りという機能で活用することで、コミュニケーション促進が図れるということです。

質問で「反論」する方法

質問にはもう一つ機能があります。婉曲《えんきょく》に反論するための手段です。意見が対立した場面や、異なる考えが提案された時、日本人的メンタリティでは、ストレートに反論することがなかなかできません。

セールストークである基本的応酬話法の中には、「イエス・バット法」と呼ばれるものがあり、異なる意見に対しても、まずは「良いですね」とか「その考えはよく理解できます」というように、まず「イエス」から、賛成の意を表わします。そして続けて「しかし」と断わり、「○○という点で、問題があるように思います」と反論する手法です。

初めから「反対です。○○という点で、問題があるように思います」と反論するより、間にイエスというワンクッションをはさむことで、反論のカドを取り、ゆるやかな反対を伝えることができるというものです。

確かにイエス・バット法は応酬話法、反論克服の伝統的手法ではありますが、それでも結局「反対」「反論」することには変わりなく、その反対陳述が始まったとたんにいかにイエスといっていたとしても、否定意見を述べることになります。そんな時、その意見に反対する理由が明確であれば、その問題点を質問してはどうでしょう。

「今ご提案いただきました新価格ですが、五二〇円となると競合A社の製品と比べて高いだけでなく、ワンコインでなくなることは、商品選択時の障害にならないでしょうか？」

「B社のシステム提案について、見積にはメンテナンス費用が入っていませんが、サーバ管理やセキュリティでのコストはこの先の維持費用に影響しませんか？」

反対意見の欠陥を指摘するのではなく、その障害や問題点を問い質《ただ》すことで、結果として否定に導く意図です。ただし、単純に否定しているのではなく、疑問形にすることで、もしかしたらその欠陥については解決策や対処法が見つかるかもしれません。

頭ごなしに否定するより、まずは問題点を質問し、その上で明確な答えが得られなければその点を突いて反論していくほうが、感情的反発とは感じられにくいでしょう。

ただし、「婉曲に伝える」とは、ストレートに意味を表わさない分、その意図を曲解されたり、あるいは嫌味や皮肉と受け取られる可能性もあります。反論すること自体は悪いことではありません。むしろ婉曲すぎて誤解を呼ぶくらいなら、筋道立てた、感情に流されない反論をすることで、正々堂々とした態度をとることにもなります。

これもまた、「相手」次第だということです。常に「相手」を考える姿勢は、コミュニケーションの基本です。相手の感情を受け止め、尊重することで、質問はコミュニケーションの一環として、単なる疑問解決のため以外にも戦略的に使うことができるのです。

言葉「以外」による傾聴の技術

前述した心理学者ロジャーズは言葉（言語）による傾聴以外にも、非言語、つまり言葉を使う以外の方法での傾聴技術を述べています。「視線」、「姿勢」、「あいづち、うなずき」といった、言葉「以外」の対応を意識して用いる方法です。

また、「目線」も重要な要素です。人と話す時にそっぽを向いて話すことは普通ありません。しかしだからといって聞き手から、まっすぐに凝視されるというのも話しにくくはないでしょうか。

その際は、相手の目以外に、鼻とか顔の周辺、あごや耳、額などを見ると良いといわれます。ただしきょろきょろと目が泳ぐような、落ち着きのない視線は信頼を感じられませんから、相手の目や、あるいはそれ以外の場所を見る際にも、視線はなるべく動き回らないほうが好ましいといえます。「視線」も意識して活用することで、積極的な関心や意欲を表わすことができるということです。

話をする際の「姿勢」も非常に重要です。人によって異なるさまざまな雰囲気や持ち味といった、「見え方」は、コミュニケーションにおいて意識することで、メッセージを強めたり弱めたりするのに役立ちます。

人と話す際にふんぞり返って話すことは普通はしません。しかしフラットな直角、地面に九〇度の姿勢というのも冷たく感じさせたり、慇懃無礼《いんぎんぶれい》な印象になることがあります。やや前かがみの姿勢は、意欲や迫力、熱意などを感じさせます。つまり存在感や意思の強弱を、姿勢によって補助することができるのです。

傾聴は「伝える」ことより「受け止める」ことに重きを置く手法ですから、熱意がありすぎるのは傾聴の妨げになります。声の大きさや体格なども含め、存在感の強い方であれば、逆に姿勢を意識し、できるだけフラットな位置に、つまり九〇度の垂直に近い姿勢を保つことで、そうした存在感を減らすことができます。

逆にどちらかといえばおとなしすぎて意欲や熱意が伝わりにくいという方には、姿勢を意識して前かがみにすることで、同じ言葉を発していても、違う印象で伝わりやすくなります。やはり傾聴では、常に「相手」を意識し、ご自身の存在がどのように伝わるか、強すぎず弱すぎず、あるいは調整にこころがけることが重要になります。「傾聴」で使われる手法はどれも至って普通のものばかりで、魔法のようなものはありません。しかしそれらを組み合わせることと、何よりもご自身が「聞く」ことに積極的に取り組むことによって、普通の会話とは違ったコミュニケーションが実現できます。

私を含めカウンセラーは、来談者の方が自然に話をする空間を作るだけで、自然に来談者が悲しみ、怒り、さまざまな感情を露《あら》わにしていくのです。この「空間作り」こそ、カウンセラーの腕だといえます。

決して自ら来談者に忠告したり、詰問したり、まして身体に触れることは一切なくとも、自然に来談者が感情を出すことができる空間を作るのです。これは自然には生まれるものではなく、水面下で水を掻《か》く白鳥のごとく、自然体でありながら、見えないところで技法を使った働きかけをしているのです。

カウンセリングは魔法でも超能力でもなく、科学に裏付けられたものです。日常生活の中で、いついかなる時も傾聴をするだとか、カウンセラーは常にカウンセラーであることなど不可能です。その代わり、ここぞというコミュニケーションの場で、集中することで傾聴を実現しています。むしろこの集中と緩和の使い分けができることこそ、カウンセラーがプロである証《あかし》ではないかと、私は考えます。

プロのカウンセラーではない、皆さんの場合は、さらに限定して傾聴を用いることができれば十分です。自然と傾聴ができなくとも問題ありません。むしろ意識を集中し、ここぞという限定された時間と空間においてのみ、傾聴を実践してみてください。コミュニケーションの目的達成には大いに役立つと思います。

「話がわかりにくい」人のためのロジカルな伝え方

さて、ここまで「聞き方」の技法について話を進めてきましたが、「伝え方」にもシンプルですがルールがあります。

職場で上司や同僚から「話がわかりにくい」と言われることはないでしょうか。そのような方は戦場における伝令のように、「早く、正確に」を実現してみるとよいでしょう。ただし「早く」とは、早口でしゃべることではもちろんありません。戦場において一番必要な情報を、できる限りすばやく届けることです。つまり「伝えたい情報の結論」を真っ先に言うことで「早く」が実現できます。

例えば、部下が次のような報告をしてきたら、どんな印象をもつでしょうか。

「最近は競合各社がみな値引きをするようになりました。先日のA案件でも、B社は平均して当社の八掛けの提示で入札をクリアしています。そもそも入札では質ではなく、値段だけで取引が決まってしまいます。とりあえず安い提示で入札をくぐり抜けた後で追加のコストを載せ、利益回収するのがB社のいつもの手です。質重視の当社はこうした環境ではどうしても価格訴求ができず、不利になります。いつもバカ正直な価格提示をするから入札を取れないんです。為替《かわせ》も厳しくなっていますし、原料費、特に下請け工賃の値上がりで、当社の利益はどんどん圧迫されています。今こそ思い切った打ち出しで、何が何でも取引を獲得しなきゃなりません。今のやり方じゃ、このままズルズル落ち込むだけですよ。一発、勝負をしましょう。業界がひっくり返るくらいの低価格で提示して、入札を獲得することを提案します。契約を取ってから利益回収すれば良いじゃないですか」

何やらまくしたてるがごとく主張がされてはいるようですが、要はどうしたいのでしょう。「伝えたい情報」が何なのか、とてもわかりづらいといえます。しかし同じ内容でも次のように伝えたらどうでしょうか。

「業界がひっくり返るくらいの低価格で提示して、入札を獲得することを提案します。最近は競合各社がみな値引きをするようになりました。先日のA案件でも、B社は平均して当社の八掛けの提示で入札をクリアしています。そもそも入札では質ではなく、値段だけで取引が決まってしまいます。とりあえず安い提示で入札をくぐり抜けた後で追加のコストを載せ、利益回収するのがB社のいつもの手です。質重視の当社はこうした環境ではどうしても価格訴求ができず、不利になります。いつもバカ正直な価格提示をするから入札を取れないんです。為替も厳しくなっていますし、原料費、特に下請け工賃の値上がりで、当社の利益はどんどん圧迫されています。今こそ思い切った打ち出しで、何が何でも取引を獲得しなきゃなりません。今のやり方じゃ、このままズルズル落ち込むだけですよ。一発、勝負をしましょう。契約を取ってから利益回収すれば良いじゃないですか」

違いが感じられるでしょうか。単に最初の例文での結論部分を頭に持ってきただけで、それ以外は一切手を加えていません。しかし「業界がひっくり返るくらいの低価格で提示して、入札を獲得する」という意見こそが、この文章の中の主要な情報になっていることがすぐにわかるのではないでしょうか。

英文ライティングにおいては、こうした主たる情報を「トピックセンテンス」といいます。

英語の文法は、日本語に比べ論理的に作られているといえます。主語や目的語をあいまいにしたままでも何となく通じる日本語に比べ、英語は主語がなければ意味を成しません。また文のかたまりである文章においては、必ずトピックセンテンスと呼ばれる主文が置かれており、多くの場合それは文章の頭にあります。

こうしたルールにより、英語は言語として、ロジカルでわかりやすい構成を持っていると言えるでしょう。これを日本語のコミュニケーションにおいても利用してはどうでしょうか。つまり日本語であっても、伝える際には「結論から」述べるのです。

先ほどの文例でも、中身はごちゃごちゃしており、また話題もよく飛躍し、本筋と関係ない情報が入り混じっています。そういった点から「良い文章」「わかりやすい文章」としては疑問です。

しかし、結論を文章の最初に置くだけでも、そもそも何を伝えたいかは明確になります。その結果、途中の部分で脱線しても、飛躍しても、結論をすでに押さえているため、情報全体を鳥瞰《ちょうかん》できます。それによって雑多な情報、飛躍も理解の範囲で処理が可能です。

英語の持つ論理性に学ぶ

英語の会話においては、明確にＹＥＳかＮＯかを言わなければなりません。その上で、続けて理由を説明することで会話が成り立ちます。

「Yes, I do because it is necessary for the plan.（私はやります、なぜならその計画に不可欠ですから）」

このように、まず結論である「Yes」が初めにあって、その続きとして「because」と理由が述べられます。とてもシンプルであるがゆえにわかりやすい論理構成をしています。

しかし日本語では、「その計画にとって不可欠ですから、（私は）やります」となり、最後まで聞かなければ「やる」「やらない」の判断がわからず、さらには「私は」という主語が頻繁《ひんぱん》に省略されます。主語である「誰が」を、明確にしない話し方は、日本語の会話では普通ですが、意識して主語を明確にすることにより、責任の所在も明確になります。

これは何も日常生活で英語を使えといっているのではなく、日本語での会話であっても、英語の論理構成を利用することで、ロジカルな、すなわち誤解を招きにくい伝え方ができるということです。それが「YES／NO、ビコーズ」といううきわめてシンプルかつ明瞭《めいりょう》な、伝え方の論理構成です。

「話し下手」と自覚している方は、実はこのような結論から話すことに慣れていないことが多いのです。軍隊のブリーフィング（報告）では、まず結論を簡潔、明確に伝えることが必要です。余計な前置きをしようものなら、上官に叱られるでしょう。

話し方に不安を抱えている人にとっては、結論からズバリと言うのはなかなか難しいかもしれません。だからといって話し下手な人が、冗長な前振りや時候の挨拶、結論と関係のない話を前置きにしていては、話が余計にわかりにくくなるだけです。ぜひ勇気をもって「結論から話す」ように心がけてください。

英語の持つ論理性とわかりやすさは、ロジカルなコミュニケーションを実現するために、非常に便利です。結果として、英語はそれを母国語とする人口比では世界最大ではないにもかかわらず、世界のビジネス共通語となりました。英語を今すぐ話せるようになるのは難しいかもしれませんが、少なくとも英語の特長である論理性と、「結論から」という構造は今すぐ活用できる、コミュニケーション能力向上の重要な要素です。

日本語では時候の挨拶のような、コミュニケーションの目的としてはほぼ意味をなさない前置きをすることで、意図的に直接的な意思伝達を避けることがマナーであるという風習がありました。これはまさに日本の固有な文化と風土であって、良し悪しではありません。

私が「英語的論理」を勧めるのは、日本語がダメだからではなく、グローバルな環境にならざるを得ない、現在のビジネス社会においてのコミュニケーションで有効だからです。文学や文化といった世界であれば、このような視点はまったく意味がないことですし、ビジネスの世界であっても、何でもかんでも英語や外来語を使うこととグローバル化は意味が違うと考えます。

「グローバル化」のスローガンのもと、海外企業との連携の場面は増えており、日本国内でも社内公用語を英語にする企業も出てきています。しかし、実態は、なかなか定着は難しいようで、「大事な議題なので日本語で説明します」というような、本末転倒な会議が行なわれているという話もあります。

もともと日本には商社マン英語と呼ばれるものがありました。商社といってもすべてが五大商社、七大商社のような巨大企業ではありません。小さな貿易会社等で、海外と日々取引をしている人の英語は決してネイティブ並というものでなく、ブロークンだったり、時として文法的におかしかったりすることは珍しくありませんでした。

私も小さな商社勤務時代に、「ハロー、ジスイズ・カンダ・スピーキング……」といった、カタカナをそのまま発音するような英語で、毎日海外とやり取りしていた同僚がいました。そのような、決して流暢とはいえないかもしれない英語であっても、ビジネスを滞《とどこお》りなく進め、それを何年も継続して売り上げと利益を達成していたのです。

グローバルな舞台で、実績を上げ、継続して活動しているということと、カタカナ英語であることは、何一つ矛盾するものではないといえるでしょう。私が取引した非英語圏の人々、中国、韓国、東南アジア、インド、南米、ヨーロッパなど、すべてカタコトといえばカタコトの英語でしたが、彼ら彼女らは完全なグローバルビジネスパーソンだといえます。

「主たる情報」を絞る

実は話に自信がない方ほど、「伝えたい情報の結論」を大事にしていません。余計な前置きや挨拶など、結論以外の部分を理由もなく盛り込み、結局何が言いたかったのかわからないということになりがちです。いくら流れるように話したところで、その内容が聴衆に残らなければ意味はありません。

しゃべりのテクニックを身につけるより、英語的構成で、「まず結論」から始める伝え方こそ、すぐにできて効率的なコミュニケーションの実現につながります。図にすると145ページのようになります。

伝えたい情報の結論、すなわちトピックセンテンスを最初に伝えることが重要であることはわかりましたが、実はこの結論が何かということがわからないまま話しているケースがままあります。

「君の話はわからない」といわれる原因は、トピックセンテンスとなる中心の情報がぐらついているからです。「話し方」の問題ではなく、情報の整理ができていないため、漫然と思いついたことを伝えたり、たいして重要でもない前置きや一般論といった、中心のメッセージ以外の情報によって、本来伝えるべきものが相手に届いていなかったりするからです。

一部の天才を除き、職業として人前で話をする人やコミュニケーションを仕事で行なうプロは、必ず事前に情報を整理しています。水面をゆったり泳ぐ白鳥が水面下で必死に水かきをしているがごとく、プロは表に出た部分だけではコミュニケーションをしていません。

コミュニケーションのプロであっても、常に結論や、中心のメッセージ、情報が何であるかと意識しながらコミュニケーションを組み立てるという、一番重要なことに力を注いでいます。もし、コミュニケーションに自信がないのであれば、この一番大事な要素をしっかりと固めることが出発点になります。話し方やジェスチャーなど上級者が工夫するようなものは、逆に後回しでよいのです。

このように「重要な順に攻める」必要は、まさに正論であり、誰でもわかることです。しかし実際に「何が重要なのか」は、ケース・バイ・ケースです。本書で述べているように、その価値は戦略的に、「自ら決める」しかありません。

コミュニケーションは「まず結論から」

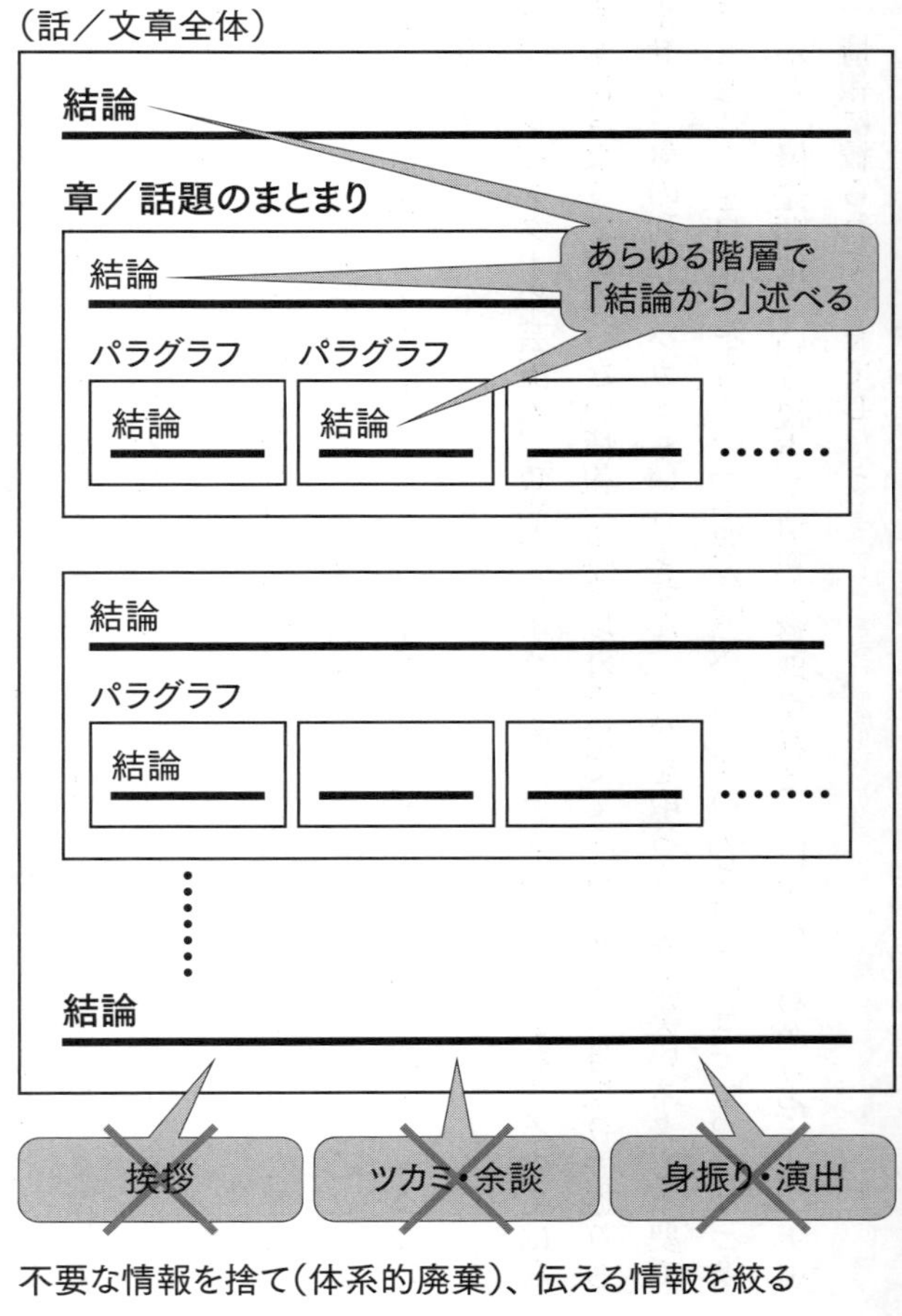

不要な情報を捨て（体系的廃棄）、伝える情報を絞る

ただし自らの欲望や勘で決まるのではなく、あくまで状況判断として重要性を読み解いて決める必要があります。またそれはいきなり身につくものではなく、意識して常に備えておき、実践の積み重ねによって能力も感覚も磨かれ、向上していくものだといえます。

経営学者ドラッカーは、優先順位付けの際に「体系的廃棄」を提唱しました。ただ単に古いものを捨てるとか、やみくもな刷新ではなく、ゼロベースで考えることにより、もしその情報（モノ・コト）がなければ成り立たないもの以外を捨ててみるという考え方です。

プロのプレゼンターや芸能人、政治家のような高等テクニックをまねするのではなく、まずは今なくてはならない情報や説明以外を捨ててみるのです。身振り手振りもいりません。気の利いたツカミもいりません。ウケを取るようなお笑いネタも不要です。そんなことを目指すよりも、「不要な情報」がないかということをしっかりと検証しながら、優先順位という視点で情報を整理すれば、自ずと「わかりやすい」「重要な」情報に絞られていくでしょう。

いきなりそれを実現するのは難しいでしょうが、常にそうした原則のもとで考えることを習慣化することで、漫然とコミュニケーションを取るという姿勢が矯正されていきます。これこそ戦略コミュニケーションの始まりです。

繰り返しでメッセージを効果的に伝える

さらにそうして絞り込まれた「主たるメッセージ」は一回で終わる必要はありません。一回より二回、さらに三回と、繰り返しメッセージを発することも、その伝達の実現のためには効果的です。ただし、単に同じ言葉を三回繰り返すだけではありません。「主たるメッセージ」が同じであっても、表現力を工夫して繰り返す方法もあります。

例えば、このような説明はいかがでしょう。

「今期のわが課の数値目標は営業利益一億円です。一億円というと、これまでの年度目標と比べて三割増しです。そう聞いたらちょっと達成不可能にも思えますよね。しかし逆に考えてください。われわれの製品ラインから、一億円の営業利益を上げるには、どれだけ売り上げが必要でしょう? 粗利が平均で二五%ですから、売り上げでいえば四億円ですね。つまり『売り上げ目標は四億円』だと考えることもできます。製品カテゴリーが主に四つですから、『各カテゴリーの売り上げ一億円を目指す』と考えてはどうでしょう。もちろんそんな均等にいくものではないのはわかっていますが、今好調の製品Aは昨年すでに一億を超えてますよね。であれば、残る三カテゴリーがどうすれば一億になるのか、難しいのであれば、未達カテゴリーのマイナスを埋め合わせられる伸びはどのカテゴリーかを考えれば、基本的な営業戦略は見えてくるのではないでしょうか」

「営業利益一億円」という目標達成について、同じ課で認識を共有することを主たるメッセージにした場合、その数値目標の表現を利益だったり、売り上げだったり、さらに製品カテゴリーで分けたりなど、表現を変えていますが、いずれの数値目標達成でも、ここで掲げた目的は成し遂げられそうです。むしろ目的を分解したことによって、どこをがんばるのかという目的達成への視点が多様化し、実現への道筋も見えてくるのではないでしょうか。

もちろんあえて「言い換え」をせず、シンプルに三回繰り返す方法もあります。

「今期のわが課の数値目標を申し上げます。今期のわが課の数値目標は、営業利益一億円です。一億円というと、これまでの年度目標と比べて三割増しです。そう聞いたらちょっと達成不可能にも思えますよね。しかし逆に考えてください。わが社の製品ラインは平均で粗利二五％ですから、売り上げでいえば四億円増やせば、『今期のわが課の数値目標、営業利益一億円』は達成できる見込みです。今好調の製品Aは昨年すでに一億を超えてますよね。であれば、残る三カテゴリーがどうすれば一億になるのか、難しいのであれば、未達カテゴリーのマイナスを埋め合わせられる伸びはどのカテゴリーかを考えれば、基本的な営業戦略は見えてくるのではないでしょうか。そうすれば『わが課の数値目標である営業利益一億円』は確保できるはずです」

こちらのケースでは、基本的に「営業利益目標が一億円」だということを、「これから『主たるメッセージを言いますよ』ということ」をまず宣言し、続けて「主たるメッセージ」である「営業利益一億」を言い、そしてさらにどう達成するかを述べています。本宣言をはさみ、事前・事後にも繰り返すことで、重大さがわかりやすくなっています。

ナチス・ドイツの初代国民啓蒙・宣伝大臣であるゲッベルスは、単純メッセージの繰り返しが有効であると述べています。同じことでも堂々と、執拗《しつよう》に繰り返すことで、強い印象付けとなり相手への説得力を増す効果があります。単純ですが、有効な方法で、心理学的には理にかなったものといえます。

このように、「主たるメッセージ」が絞れていれば、伝達はシンプルで明確になります。主たる情報を絞ることはすなわちコミュニケーションの戦略目的を設定することです。対照的な二つのアプローチを挙げましたが、どのように表現するかよりも、まずは主たるメッセージを絞り込むことから始めましょう。それができれば、伝え方は同じことを三回繰り返す方法すら可能なのですから。

この姿勢は伝える際だけでなく、自らが聞く・受け止める際にも、その受け取る情報の「主たるメッセージ」を考えるように変化をもたらすでしょう。漫然と話を聞く、漫然と情報を読むといった姿勢が能動化するようになります。すると、前に述べた質問能力の向上にもつながり、全体としてコミュニケーション能力が鍛えられることでしょう。

第4章 さまざまな場面で生かす「コミュ力」

——緊張緩和、おわび、キャリアプラン

コミュニケーション下手は意識の問題

成果を上げるコミュニケーション実現のために必要なものは技術だけではありません。自身の「心」との戦いを制することも重要な要素になります。

「コミュニケーションが苦手」「あがり症」「人と話すのが不得意」といった方のお話を聞いていると、実際に業務上のコミュニケーションに失敗したとか、大恥をかいた経験があるという方は意外に少ないことに気づきます。

しかし子供のころ発表で笑われたとか、教科書の朗読で漢字を読み間違えて恥をかいたというような、最近起きた実際の失敗より、自分の中で強い印象が残るかなり昔の失敗の「意識」がいまだに強く尾を引いていることのほうがずっと多いようです。つまり、現在の能力の問題ではなく、意識の問題だということです。

武器の精度も低く、防御の観念も乏しい近代以前の戦争においては、兵士の人的犠牲は非常に多く、戦闘によっては一割以上の兵士を失ったことも珍しくはありませんでした。そうした時代と比べると、現在は武器の性能が格段に向上し、例えば敵の軍事施設だけをピンポイントで攻撃できるミサイルなど、非戦闘員や非戦闘地域への被害を最低限に抑える技術も進歩しています。

しかしどれだけ時代が変わろうと、人の心、メンタルな感覚に大きな違いはありません。戦闘における不利な状況は限りなくモラール（士気）を下げ、逆に優勢な状況はモラールアップにつながります。指揮官はこうした自軍の心理状況、メンタルコンディショニングも把握して戦いに臨む必要があります。

山岡荘八《やまおかそうはち》の歴史小説『徳川家康』の中で、織田信長《のぶなが》は次のように言っています。

「三万の軍勢を擁する軍が、一回の戦いで一千人失ったとすれば、この半年で五回も戦いが続いたこの先、どこまで持ちこたえられるか」との問いに対し、信長は説明します。

「二年足らずで滅亡だ」

なぜ、二年なのか？　一回一千人の犠牲が半年で五回であれば、一年で一万人減ります。その計算でいけば三万がゼロになるには三年かかることになりますが、信長はそうではないと言います。兵が甚大な損害を受け続ければ士気は下がり、それが一万の大台に達するころにはすでに目端《めはし》の利く者が見切りをつけるという意味です。

有能な指揮官、兵士ほど見通しが利きますから、不利な状況が続けば単純な引き算ではなく、加速度を付けてどんどん士気は落ち、そのままいけば滅亡に至るというわけです。これこそが戦いにおける士気高揚の本質であり、メンタルコンディショニングの要諦《ようてい》です。

勝敗は兵家の常といわれ、絶対負けない方法や連戦連勝を想定するのは戦略ではありません。常に不利な状況や負け戦すらも想定し、そうしたネガティブな状況でのメンタルコンディショニングに留意することが、最終的な目的達成には欠かせません。

不利な状況であれば、流れを変え逆転を狙い、逆に有利な状況であれば、いつどこで逆転されるかもしれないという、自らを律する危機察知が求められます。有能な指揮官は、有利な状況に溺《おぼ》れず、不利な状況にあきらめません。そうした不動の精神力を鍛えるために、メンタルコンディショニングについても考えましょう。

先の戦争の例のように、戦いにおいてもっとも影響があるのは「恐怖心」です。味方が次々と失われ、有能な武将や兵士が去っていく状況は、実際にはまだ部隊の大半が残っているにもかかわらず、恐怖をもたらします。実際の被害以上に恐怖を与えることは、戦略上も重要な目的設定になるのです。したがって、恐怖を受ける側、感じる側は、そうした恐怖心への備えをしなければなりません。

同様に、「恐怖心」は、コミュニケーションにおいても大きな障害になります。克服できれば誰もがハッピーですが、そう簡単なものではないことも経験上おわかりいただけるでしょう。

ここでは本格的な精神医学や心理療法を語ることはしませんが、リスク感覚を身につけるため、「論理療法」の考え方を応用することができます。今取り組まなければならないコミュニケーションの目的は何か、職務として求められている成果やゴールを、漠然とではなく、何を、どのようにするべきかという具体的ポイントを整理して、書き出せるくらいまで明確にするのです。

恐怖との戦いとは、実は自分との戦いです。繰り返し述べていますが、恐怖心を克服するため、精神修養をするのは戦略ではありません。私は、そもそものその恐怖の根源である、危険の見きわめが重要だと考えます。リスク感覚ともいえるでしょう。失敗時のリスクに正面から向き合い、できるだけ客観的に、具体的に書き出してみることがいい方法です。

どのようにするのか、具体的な事例を通して見てみましょう。

(1) 新製品発表会における営業方針説明

メーカーでよくある新製品の発表会です。発表会当日に向けてプレゼン資料を作り始めなければならないけど、上手くいくか心配……。そんな状況です。

しかし、次ページのようにリスクを書き出してみると、発表そのものより、売り上げ状況のほうが重要であるように見受けられます。結局上手なプレゼンテーションが新製品発表会でできるかどうかよりも、そもそもの新製品を中心とする営業予算目標達成のほうが主であり、発表会はその手段に過ぎない位置付けも見えてくるようです。

特に「自分の評価が下がるリスク」という、自分の本心が客観的に拾い出されています。このリスクの書き出しは、精神論ではありませんから、やる前からネガティブなことを考えるなとか、「気の持ちよう」のような無意味な楽観視点を入れないこと目的「新製品発表会における営業方針説明」
・取引先顧客（流通関係者）30社約50名を前にした発表会で、営業部門を代表し、その販売施策を説明する。
・新製品導入を軌道に乗せ、今年度販売予算である10億円の達成実現を図る。
・製品そのものは本社開発本部担当マネージャーが行ない、自分は特に販売キャンペーンの時期に合わせた配荷実現をすることが目的である。

失敗時のリスク
・このタイミングでの配荷実現ができないと、キャンペーンの効果が落ち、せっかくの新製品ローンチの勢いが下がる恐れ。
・配荷がゼロという事態は現実にはないだろうが、配荷が鈍れば売り上げ目標達成が厳しくなる。
・売り上げ目標未達は営業部としては困る。
・自分の評価も下がる恐れがある。

が非常に大切です。

当初目的だと思っていた「新製品発表会での説明」より、営業活動が上手くいくことが目的であり、それが阻害されることがリスクであるという分析が、このシートではできています。戦略的状況分析が実現できることで、対処すべき点も考えられるようになります。

「プレゼンは嫌だな」「緊張するな」と、中身も検討せず、ただネガティブな感覚だけを持っていても何の解決にもなりません。「なぜ嫌なのか」「なぜ緊張しているのか」に正面から向き合うことで、その対処の糸口が見えることは少なくないのです。

リスク分析などというと難しそうに聞こえるかもしれませんが、起こり得る危険や損失をどこまで想定できるかという点で、実は同じことです。何も考えずに体当たりして、その場の勝負とばかりに何の対策も取らずに発表に臨むのと、こうした目的やリスクをある程度想定して臨むのとでは、どちらがメンタルコンディショニングに有効か一目瞭然です。

こうしたリスク感覚も、練習で磨くことができます。「考えるプロセス」を経験してから実践に臨めば、結果としてリスク判断が甘かったり、想定していないもっと大きな損害や失敗をこうむったとしても、次回に教訓として生かせるでしょう。

こんなところにリスクがあったのかという学びにつながることで、失敗を知恵の素《もと》にできるのです。失敗しても得るものがあるという安心感が、結果を向上させる効果もあるでしょう。やはり最悪なことは「何も考えない」ことに尽きます。戦略思考の逆は思考停止だといえます。

大切なことは、できる限り「客観的に」リスクを考えることです。自分にとって都合の悪い事態や、アンラッキーな偶然、自然条件のようにコントロールできない要素を含め、リスクの想定においては、一切希望的観測を交えないようにしなければなりません。

期待が混ざってしまうと、それが偶然頼りである以上、上手く進まない時に手の打ちようがありません。しかし自らコントロールできない、アンラッキーな事態も想定できれば、ただ単に「恐れる」という事態から脱却し、経験を積むとともにリスクそのものが減っていくことでしょう。

(2) 就職面接での自己アピール

ビジネス上だけでなく、就活する学生が面接などに臨む際も、まったく同じような情報整理が有効といえます。応募先企業で五分間の自己アピールタイムを与えられ、緊張して何を言ったらいいかわからない、という時のメンタルコンディション調整に

目的：「株式会社○○、二次面接での５分間自己アピール」での成功

・アピールポイントは、学部１年次に初めて受けたＴＯＥＩＣ380点が、現在780点になったこと。
・こうした結果に結びつく努力ができる人間であり、英語力を生かしたグローバル環境での活躍を通じて社会の役に立ちたいことを伝える。

失敗時のリスク
・多分次の選考ステップに進めない（採用されない）。
・コミュニケーション能力が低いと思われる。
・プレゼン能力が低いと、希望する国際業務・海外営業に就く機会を失う。
・バカにされる（されそう）とダメージを負う。
・自己嫌悪に陥る。

情報整理をしてみることが有効です。

例えば、上のようなメモを作成した学生がいます。

就活先の中でも第一志望である会社に対し強い意欲があり、それゆえにそこの二次面接で失敗することを恐れている状況がよく出ています。しかし、個別に検証してみると、まだまだ目標が一方的で、吟味《ぎんみ》されていません。

「アピールポイントがスコアアップ」だけで良いでしょうか。大学学部生の中には、ＴＯＥＩＣで八

○○点台どころか九○○点台の人もいる状況で、国際業務を希望するのには、単にスコアが伸びただけでコミュニケーションの目的は達成できるでしょうか。「英語力を生かして」という希望は、この志望先企業から見て、納得できるアピールになっているでしょうか。

そのように考えると、これではただ単に事実と自分の希望を述べようとしているだけのように感じます。「どうすれば会社側を納得させられるか」「採用を決断させられるか」という、決定的な説得材料のアピールが不十分に見えます。

また、失敗時のリスクも十分分析されていません。自己アピールに失敗すればコミュニケーション能力が低いのでしょうか。バカにされるのでしょうか。「次の選考ステップに進めなくなる」以外のリスクは、何となくそう思っているだけで、企業側から宣言されたわけでもなく、実はそもそもリスクと呼べるかどうかも怪しい状態です。

このような判断を自分だけでできるかどうか自信がなければ、ぜひ大学のキャリアセンター等にいるキャリアアドバイザー／キャリアカウンセラーに、このメモを見せて相談してみましょう。客観的でビジネスの視点にのっとった、適切なアドバイスが受けられることと思います。

ただし、この時点でメモが不十分であることを嘆く必要はまったくありません。こうして文字に起こしたことによって、目的意識の明確さや、現状認識・状況認識の不足が見出されたとすれば、それはコミュニケーションの精度が格段にステップアップしていることになるのです。

特に自分が「恥」だと感じることを客観的に書き出しているところは非常に重要な戦略観の発露です。「バカにされる」「自己嫌悪に陥る」といった、自分自身のマインドも正面から受け止め、それを根性のような精神論に陥らずに対処が考えられれば、これから人生を懸けて就活に臨む上で非常に強くなれることでしょう。

漫然と思っているだけでは、漫然とした不安にさいなまれがちなものですが、このように明確化されれば、自身の足りないところも含めて客観化を促進できると思います。

コミュニケーションに苦手意識を持つ人に対して、「リラックスして臨め」というアドバイスをよく見かけますが、それができないから苦労しているのであって、こういわれても役に立ちません。

なぜリラックスできないのか、その原因となるリスクをこのように自分で書き出すことにより、それが取りこし苦労だったり、勝手な思い込みだったりすることが見えやすくなります。

リスク感覚を鍛えることは戦略コミュニケーションに欠かせない能力養成ですから、ぜひ困った時ほど現実から目をそむけず、真正面から向き合ってみましょう。その際は「自分の弱い心を克服する」などと大上段に構えることなく、粛々《しゆくしゆく》と果たすべきタスク（業務）を遂行するのだという、現実的な目的を思い起こしてください。積み重ねることで確実に論理的思考能力とともに、メンタルコンディショニングが進むことでしょう。

先の反省を踏まえ、改善した例が次ページです。

「目的」が「アピール成功」ではなく、「面接突破＝採用」と明確化されました。リスク分析も具体的で、結局、失敗で自信を失うことで「自分に負ける」というような

目的：「株式会社○○、二次面接での5分間自己アピール」成功による、面接突破＝採用

・アピールポイントは、学部1年次に初めて受けたＴＯＥＩＣ380点が、現在780点になったこと。
・こうした結果に結びつく努力ができる人間であること。
・英語力を持っていること。
・この会社が次々と新たな事業展開に乗り出すため、厳しい現状にめげず、チャレンジする精神力を持っていること。

失敗時のリスク
・失敗したことが尾を引いて自己アピール後、面接を受けづらい。
・コミュニケーション能力が低い印象を持たれ、選考で不利になる。
・他社の面接にも、尾を引くかもしれない。

もの以外に、それほど大きなリスクは存在していないことが見えてきました。

仮に自己アピールが失敗しても、それは自分の中の自信など自意識の問題だということもあらためてわかってきました。ここで自己アピールに失敗したところで、自分の全否定につながるわけではないと考えられたことで、この学生は少しだけ気分が軽くなって、面接に向かえたようです。

台本どおりの答えにコミュニケーションはない

人前でのプレゼンテーションや、出世や採用のかかった面接など、重要なコミュニケーションの場面は誰でも緊張感があるものです。では、緊張感をなくすためにはどうしたらよいのでしょう。

このような時の対処で、ダメな就活学生の典型として、「完全台本」を作ろうとするというものがあります。何を聞かれても、自分の言いたいことを台本を読むように答える人を見たことはないでしょうか。

面接の想定問答をある程度考えるのは必要です。例えば、志望動機や自己アピールに触れない面接はまずありません。しかしだからといって就活本や就活サイトをくまなくあたり、ありとあらゆる想定質問とその答えを用意したりするのはまったく意味がないどころか、採用する側から見れば、逆に「採用したくない」学生に思われかねないのです。

採用面接をコミュニケーションとして考えてみてください。

面接は、話し方の優劣や、気の利いた答えを求めるスピーチコンテストではありません。企業側から見れば、採用面接は企業活動の一つです。有能な若手人材を獲得することで、その企業の人員構成を健全にし、常に若い世代を組織に入れることで戦力を維持、拡大するという、人事政策実現のために採用は行なわれます。

別に学生の優劣をつけたり、ダメな学生をあざ笑うことは目的ではありませんし、そのようなことのために多大なコストと時間を割《さ》けるようなヒマな会社は普通ないでしょう。つまりはそうした「優劣」も、失敗時の不安もすべて、自分の中にある「恐怖」なのです。

「新卒や中途の採用面接での失敗が恐い」と感じる人が、そのために入念な準備をし、結果として想定問答集を丸暗記するという行為に走るのは、その恐怖の原因がしっかり把握されていないからです。

応募者にとって、面接というコミュニケーションの目的は、「志望理由を上手く答える」ことではなく、「採用されること」です。だとしたら、覚えてきた答えをただ一方的に繰り返す人が採用されると思うでしょうか。面接官との応答のなかで、相手に採用したいと思ってもらうためには、自分の言いたいことだけを伝えるのが、本当によい戦略でしょうか。

ちなみに面接官が、経験豊かな人事業務のプロフェッショナルや、対人営業などのベテランであれば、想定問答を作って臨んでいるかどうかはほぼ一〇〇%判別できます。「キャリアプランとコミュニケーション」の項で詳しく述べますが、そんなことにエネルギーを注ぐくらいであれば、しっかりと面接の場で、面接官の質問を聞き取り、正しく理解して答えられることのほうがはるかに重要です。

私は何千人もの面接や面接練習をしてきましたが、面接の場では緊張だけでなく、そもそも面接官の質問をしっかり理解できずに返答をしている人を多数見ています。

同様に、営業マンなどには、相手からの質問や反論を封じてしまう伝え方をする人も多くいます。まずは一通り、自分の用意した口上なり、説明なりを最初に聞かせるべく、どんどん話を進めるやり方です。話すスピードやテンポでも隙《すき》を与えず、質問も差しはさめないような、一方的な伝達になってしまっています。

結果として「相手」は黙って聞いてくれるかもしれませんが、一方でどんどん興味を失っていく可能性が強いでしょう。一方的な伝達はコミュニケーションではありませんから、あくまで相手と意思と感情と情報のやり取りをしながら、双方向でコミュニケーションを実現しなければならないのです。

緊張をなくすにはどうすればよいか

もう一つ、緊張しやすい人が陥りがちなのが、プレゼンの時に早口になってしまい、相手が理解しにくくなってしまうことです。

実は私も早口かつせっかちです。話し方の早い人がゆっくりしゃべるのは決して簡単ではないことを、身をもって知っています。そうでなくとも人間は緊張すれば、話すスピードが普段よりさらに速くなる傾向があります。

そのような早口の人や緊張して早口になった時には、話すスピードを調整するより、言葉と言葉の「間」を意識すると便利です。早口の人がゆっくり話したりという、自分の本来のペースを変えて話すのは簡単ではありません。しかし「間」を意識して、普通よりワンテンポ「間」を広げるだけで、早口の印象はかなり薄めることができます。

カウンセラーが来談者に話を聞く際も、矢継ぎ早に質問攻めにしたり、細かな事情説明を求めるようなことはせず、一つ一つ、ゆっくりと「間」を十分にとって質問します。言葉と言葉の空間である「間」があると、人間は何か埋めたくなる心理が働きます。しかし、そこを我慢することで、スピードを下げずにコントロールすることが可能になり、より伝わりやすい話し方をすることができるでしょう。重大な発表などの際は、ぜひ「間」を意識してみてください。

コミュニケーションの講演や講義をしていると、「緊張をなくすにはどうすれば良いか」という質問をよく受けます。しかし、緊張とは本能的な部分もあるので、それを完全になくすことは不可能といえるでしょう。私も外国で生活した際、ポジティブな外国人教師から「緊張するな、リラックスしていけ」とアドバイスをもらいましたが、「緊張するな」といって、緊張しないですむなら困らないよと、いつも思っていました。

緊張はなくせません。しかし緊張している原因を探り、その対処法を考えていくことは、緊張の緩和に役立ちます。そして、それはコミュニケーション本来の戦略目的を再認識することにつながります。

大人数の前で話すことは緊張します。しかし、本当に「大人数」ということだけが原因でしょうか。私は五百人を相手にした式典での基調講演などより、数十人の人事部長相手の研修会のほうがはるかに緊張したことがありました。人数が少ないのだから、これほど緊張することは珍しいといえます。

そこで「なぜ今緊張しているのか」という自問自答を行なった結果、「専門家、それもベテランで年上、経験も上の方を相手にしたら、自分の意見は否定されるのではないか」「自分の能力の低さや経験不足が説得力を持たないのではないか」「コミュニケーション専門家などとおごった肩書を否定されるのではないか」といった考えがぐるぐる巡っているのがわかりました。

その講演の目的は「組織管理者のコミュニケーション能力のあり方」(を解説すること)です。それは絶対的正解を語るわけでも、私自身が聴衆である人事部長さんたちすべての会社のあり方を熟知しているわけでもありません。組織経営にはさまざまな考え方があり、私が外部の人間である以上、その内容が正確にフィットするかどうかわからないのは当然です。

つまり私が恐れる「自己否定」は、相手が誰であろうと起こり得るわけで、それが特に専門家相手という状況によって、より否定される可能性が高いと感じたからだろうという結論に至りました。

それでも緊張は強く残りました。いつも以上に大汗をかきながらも九〇分の講演を務めあげました。しかしこのような自分の恐怖心を考えることで、講演前の緊張感をある程度自身の考え方の整理に使えましたし、用意していた講演原稿にさらにその場でセリフを加えたり、緊張で何も手につかない状態になることも回避できました。

結果として、来場された大ベテランぞろいの人事部長さんたちは、たいへん熱心に、好意的に聞いてくださいました。講演の中で簡単にできるワークをお願いしても、ブーイングも出ず、きちんと取り組んでいただけました。終了時にいただいた拍手は、講演では挨拶のようなもので特別な意味はないと思いますが、ひときわうれしく、感慨深いものでした。と同時に、今でも講演で登壇した瞬間の緊張感は忘れられません。

つまり緊張を少しでも減らす方法とは、「リスク管理」を行なうことです。今緊張している対象の行動についてこんなことを検証してはどうでしょうか。

・何を恐れているのか
・恐れた事態が起こったら自分はどうなるのか
・それによって失うもの（損失）は何で、どれほどか
・その失敗は永久に回復できないのか

考えるべきリスクとしてはこのくらいで十分でしょう。この逆に、「上手くいった時」のことを想像し、気持ちをポジティブにもっていくという方向もあります。しかし緊張して身動きできなくなるほど心配になる人が、強い緊張感の中で、幸福な未来図を描けるかというとかなり疑問です。むしろネガティブな想像から逃げずに分析するほうが、現実的でもあり、効果的だといえるでしょう。

「おわびコミュニケーション」の方法

私はおわびの専門家だと名乗ったことはないのですが、昨今、気づいたら「おわび」の専門家としてテレビや新聞などで紹介されるようになっていました。

確かにこれまで数えきれないほどのおわびをしてきました。ビジネスの世界で活躍するなら、おわびは、きわめて重要なコミュニケーション能力の一つといえます。

仕事をしていれば、おわびをしなければならない状況にめぐり会うのが普通です。初めから失敗しようと思って失敗する人などいませんし、「絶対に失敗しない方法」というものも存在しません。

「ゼロリスク」という言葉があり、原発事故の際にも、推進する側は、原発を絶対に事故がないように運用すると主張しました。しかしこれは不可能であり、東日本大震災の発生を予期したり、防ぐことができないのと同様に、一定の確率で事故は起きます。「絶対に起こらない」という非科学的な信念ではなく、「起きたらどうなる」「起きた時のリスクを最小化するためにはどうすれば良いか」という、リスク分析とリスクの存在を前提として考えなければ、科学的で論理的な思考とはいえません。

仕事をすれば必ず失敗する可能性はあります。どれだけ努力してもゼロにはならないのですから、「おわびをしなくて良い状態を目指す」より、「おわびを効果的にする」ほうが、ずっと効率的なのです。

私が面接官として中途採用の面接に臨んだ際に必ず聞くのが「過去にした一番の失敗は何ですか」というものです。新卒学生の面接でも聞かれることは少なくありませんが、特に中途採用の面接であれば、当然これはビジネスにからんだ内容になるはずです。

なぜこのような質問は中途採用でも新卒採用の面接でもポピュラーなのかといえば、「仕事ぶり」を想像しやすいからです。失敗する「確率」が一定にあるのであれば、仕事をすればするだけ失敗の「数」は増えるはずです。つまり仕事を本当にたくさんしているのであれば、失敗経験もたくさんあるはずなのです。

だとすれば、「失敗経験を話してください」という問いに対して最悪の答えが何なのかおわかりでしょう。それは「失敗をしたことがない」です。現実に面接では「失敗はない」と答えた候補に何人も出会いましたが、結果としてそれ以外の面接でのやり取りを含め満足のいくものは得られず、一人残らず不採用になったことを明確に覚えています。

ビジネスを進める上で、失敗は避けて通ることができません。失敗が発生すれば、その収拾をすることもビジネスでは欠かせません。失敗を収拾するため、「おわび」コミュニケーション能力は、ビジネスを進める上で欠かせないものの一つといえるでしょう。

しかし「おわびコミュニケーション」といっても、コミュニケーションの基本は同じです。何のためにおわびをするのか、その目的設定がスタートです。

まず、おわびと一口に言っても原因はさまざまです。大きく分ければ「不注意」によるものと、「不可避な事由」によるものに二分できます。

「不注意」とは、本来防ぐことが可能だったにもかかわらず、さまざまな理由から防ぐことができなかったもので、例えば交通事故を起こしてしまった場合、スピードの出し過ぎや交差点での注意不足などがあたります。

一方、「不可避な事由」によるものであれば、自動車専用道路への歩行者の飛び出しとか、高速道路で逆走した自動車との衝突などがあたるでしょう。前者であれば問答無用で当事者が一〇〇%全面的に責任を負いますが、後者はそもそも不可避であって、誰が運転していたとしても恐らくは避けがたい事態でしょう。

実はおわびが難しいのは後者、つまり「誰であっても避けがたい」にもかかわらず起こってしまった事故へのおわびなのです。

つまり、自分に責任があることをわびるのは人として当然であり、納得感があります。自分の中で明らかに自己責任を感じているので、心から頭を下げることができるでしょう。

しかし、自分に責任がない、誰であってもその場にいれば恐らくは同様に起こしてしまうであろう事態はどうでしょう。「誰でもやりかねない」「その場にいただけで当事者になってしまった自分が不運」という感情が当然湧き出てきます。

自身の真意に反して、コミュニケーションを強要されていると感じる時、人間は本能的に反発していますから、そうした反発がおわびにも出てしまうのです。仕事をすればするほど、必然的に失敗の数は増えます。自分の不注意ではなく、部下のミス、仕入れ先のミス、時には上司のミスだったり、自社の受発注システムの不具合によって、まったく自分の与《あずか》り知らぬところでトラブルが起こった時など、まさに不本意ながらおわびをしなければならないことがあり得ます。

マナー書などではおわびの心得として、「心からおわびをする」「頭を三〇度下げる」などと書かれていますが、そもそも「心から」納得できないからおわびが難しいのではないでしょうか。自ら責任を感じ、納得できるおわびであれば普通は誰でもできます。心から納得はできない事態でのおわびこそ、ビジネスの世界ではもっとも必要なコミュニケーションなのです。

納得できない場合のおわびのしかた

この場合でも、おわびがコミュニケーションである以上、コミュニケーションの原則をそのまま適用させましょう。原則は次ページのようなものでした。

それぞれの原則を今回の場合にあてはめて、より詳しく見てみましょう。

コミュニケーションの原則

1．目的設定すること
①「伝える」ためにキーメッセージを絞る
②目的（ゴール）の明確化

2．「相手」目線を持つこと
①コミュニケーションには必ず相手がいる
②傾聴で相手の言い分を聞く

3．ロジックが成り立つこと
①理解の共通化のため、わかりやすく
②正解志向より利益（メリット）志向

1．目的設定すること
①被害、損害を被《こうむ》った方への謝罪
②相手の怒りを鎮め、損害賠償を抑えるなど自社側の二次損害を増やさない

2．「相手」目線を持つこと
①被害を受けたことに対して怒っている
②まず怒りを受容することが大事

3．ロジックが成り立つこと
①被害を出したことについて（会社を代表して）「おわび」に徹する
②自己正当化、言い訳は相手の怒りを解消する上では何のメリットもない

このように事態をまとめると、結論としては当たり前ですが、ひたすらおわびをすることが一番であることが見えてきます。一方、いくら自分に直接の責任がないからといって、それを主張しても被害を受けた相手には関係がありません。

つまり、おわびコミュニケーションにおいては、自分自身との戦いが何より重要で、どこかで自己正当化をしたい、自分を侮辱されたり、貶《おとし》められたくないという自分の感情が抑えられないことこそ、おわびが失敗する原因になります。

このような事態で陥りがちなのは、原因や責任を追及してしまうことです。

おわびコミュニケーションで達成しなければならないことは「原因が何か」「責任者は誰か」ではないのです。そういったやり取りは、相手側からは当然出てくることでしょうが、達成しなければならない目的は原因の明確な説明ではなく、事態の収拾であることを絶対に忘れてはなりません。

「真の責任は管理者としてハンコを押した上司にある」のが真実だったとしても、それを説明すれば相手の怒りが収まるわけではありません、怒りが上司に向けられたとしても、会社への怒りはそのまま残り、さらにたらい回しにされることへの反発も加わり、事態は一切収拾することはないでしょう。

例えば受注情報の入力を忘れた営業事務担当者のミスによって、受注した商品の手配が遅れたことをおわびするとします。原因は事務担当にあるにもかかわらず、その受注先の窓口である自分は、お客の怒りを一身に浴びなければなりませんし、何より受注処理をミスするなんて、何のための事務担当なのかわからず、自分自身も怒りが収まらない状況です。

そんな時に、お客に次のように言ってしまっていないでしょうか。

「当社の営業事務が受注ミスをいたしまして、手配ができていませんでした。申し訳ありません」

しかし、損害を受けた相手であるお客にとって、誰のミスかは関係ありません。会社として、部門など飛び越えて、会社と、会社の窓口である担当者に憤慨《ふんがい》しているのです。このおわびの効果がないのは、お客が納得できない無駄な言い訳をしているからです。

では次のようなものはどうでしょうか。

「このたびは本当に申し訳ありません。こうしたご迷惑を二度と起こさぬよう、全社一丸となって反省し、業務に取り組みます」

責任を他に振らず、会社として受け止める姿勢は悪くありません。ただし、反省の一部として「二度と起こさない」とか「全社一丸となって」のような表現はどうでしょう。人によっては心がこもっていると感じてくれる場合もあるでしょう。

しかし、もしかしたらお客のほうも、さらに自分の取引先から文句を言われているかもしれません。そうなった時に、「二度と」とか「全社一丸」のような抽象的な精神論を言われても、それは実際のところ具体的対策ではありませんし、お客の先の取引先への説明にもなりません。そのような場合は、「そのような精神論は意味がない」

と拒絶することもあり得るでしょう。
理想的なおわびは次のようなものです。

「このたびは本当に申し訳ありません。私どものミスで、たいへんなご迷惑をおかけいたしました。まったくもって許されないことでございますが、私どもの社内の不手際により、お約束の納期が守れませんでしたこと、おわび申し上げます（黙って頭を下げる）。

こうしたご迷惑を二度と起こさぬよう、受注担当と受注管理者の二重チェックを今さらではございますが、始めました。営業担当の私も、受注の際、一声かけ、さらにもう一重の確認をいたします。

遅れた納品ですが、今の時点では一週間後の御社倉庫入れが可能と確認いたしました。何時くらいになるかはまだわかりませんが、情報が入り次第お知らせします。少なくとも明後日には、着予定時間が確定しているかどうか含め、一七時までにはご連絡いたします。本当に申し訳ございませんでした。

尚、後日、○○部長様（相手の上役）に弊社責任者の△△があらためましておわびにお伺いしたく存じております。別途ご都合等お伺いし、ぜひそちらの機会もお許しいただければと思っております」

まず素直におわびを述べ、頭を下げる。さらに改善への具体的説明と、発生した事態打開とお客の取引先への説明にもなる対応状況や見通しを告げています。

すべての対応を今ここでできるわけではなくとも、「可否について途中連絡を入れる」ということであれば、たとえ「否」の連絡であっても可能ですから、相手の怒りや疑いを少しでも和《やわ》らげるために重要です。

最後に上役を出しましたが、相手もその上を巻き込むことで、上手くいけば、そこまでせずに済む可能性もあります。上司を出すべきでないと先に述べましたが、それはトラブル処理とおわびを上司に丸投げすべきではないという意味であって、すべておぜん立てをした後で、相手の顔を立てるために上司を使うことは戦略的おわびとしては何ら主意に反することはありません。

謝ってしまったら、さらに責任を追及されないか？

一方で、言い訳をせず、そのまま相手の怒りを受け止めてしまえば、損害賠償などが発生しかねないという不安があるかもしれません。相手の怒りを買っただけでなく、金銭的な負担も負ってしまうことになりかねません。

たしかに、損害が発生した以上はその賠償を求められる可能性は常にあります。しかし、おわびコミュニケーションは、損害賠償など、自社の二次的な損害を少しでも減らすことにあります。

また、相手から「訴える」「賠償金を払え」といった、次のアクションを要求された場合、それを受けるか受けないかは、組織としての判断が必要になりますから、いずれにしてもそのおわびの瞬間にすべてを決めることはできません。おわびをすることとは、どんな償《つぐな》いも受け入れることではなく、賠償金支払いを確約することでもありません。

賠償のような具体的アクションは、おわびとは別に、会社として弁護士なども交えて取り組む必要があり、現場担当者の一存では何もできないのが当たり前です。いくら相手が被害者であっても、賠償を強要する権利はなく、それでも威嚇《いかく》して賠償を迫れば、もちろん今度は、逆に相手側が脅迫の加害者にもなり得るのです。そこに至った場合はもちろんおわびの段階は過ぎ、組織として犯罪に取り組む段階になります。そのような事態にさせないことが、おわびコミュニケーションの要諦といえます。

私はさまざまなおわびの場面に接し、とにかく事態を収拾するという目的達成を追求してきました。「訴える」「賠償金を払え」といわれたことは何度もあります。しかしその場で誓約書を書かされたり、賠償金支払いを確約したことは一度もありません。

また、「お前では話にならないから上を出せ、社長を出せ」といわれることも多々あります。しかし、そういわれて、上司を出したことも一度としてありません。上役を出しても事態は変わらず、ここで収拾するというコミュニケーションの目的を果たせなくなるからです。

そのためにはひたすらおわびをし、一切自己正当化をせず、こちらの不備不注意を認め、相手の損害へのおわびに徹しました。結果として実のある返答は何もせず、表現を変えて「申し訳ありませんでした」ということを繰り返し述べただけで終わったことが何度もあります。この表現を変えておわびをするというボキャブラリーは、多く持っていると便利です。例えば日本語であればこんな言い方があります。

「申し訳ございません」
「すみません」
「ごめんなさい」
「おわび申し上げます」
「恐縮に存じます」
「面目《めんぼく》ありません」
「おわびのしようもありません」

これに加え、おわびの関連から、自らの行動への責任を表わす表現としてこのような言葉もつかえます。

「（自分たちの行為を）言語道断だと思っています」

「あり得ません」

「あってはならないことです」

「厳粛に受け止めます」

さらに、反省を表わす言葉もおわびになります。

「反省しています」

「二度と起こしません」

「絶対にこのようなことがないようにいたします」

「肝《きも》に銘じます」

単に「すみません」という意味の言葉だけでなく、そこから発展して責任や反省を表わす言葉も、皆おわびには使えることでしょう。当然ですが、これらの言葉や単語を組み合わせる使い方もあり、これ以外の表現を加えれば、おわびのボキャブラリーは決して少なくはないのです。

ただし、こうしたことを日ごろから考えておく、準備をしておく人はまずいませんので、「さあ、今からおわびだ」という時になって、あらためておわびボキャブラリーをブラッシュアップしておくことは損にならないでしょう。

結局、最後は感情の問題になる

ここまで、おわびコミュニケーションの戦略として、ひたすら謝る方法を説明してきました。それに対し、ただ謝っているだけではらちがあかないと思うかもしれません。

しかし、一言も反論せずわびている相手に対し、長時間怒り続けることは実際には難しいものです。怒りというエネルギーは限りなく相手の体力も奪います。筆者の経験上、二〇分以上怒りが継続しつづけるという例はほとんどありません。

一定時間怒りをぶちまけたところで、いったんトーンが落ちてくるのです。損害への対処を図ることや、会社として回答をするといったことを伝えられるのは、この瞬間まで待たなければなりません。相手の怒りエネルギーが満々の内に、こうした交渉をするのは不可能です。

おわびもコミュニケーションの一環である以上、相手目線で、相手を巻き込むことが欠かせません。相手がこちらの言い分を聞くことができる状況を待つというのは、おわびコミュニケーション実現には絶対に必要なことなのです。

テロリストによる誘拐《ゆうかい》などの事件の際に犯人と交渉する専門家、「ネゴシエイター」という職業があります。海外では心理学やコミュニケーション学の専門家が就き、絶望的状況の人質を救うため、狂信的なテロリストや残虐な犯罪者とコミュニケーションを図る仕事です。

そんなネゴシエイターの重要な役割に「雑談」があるといいます。相手側といかに雑談できる関係を築けるかによって、その交渉が上手く進むかが決まるのです。

人間の本能としてコミュニケーションにおいて感情を外すことはできません。犯罪者は明確な目的を持っていますから感情など関係ないと思われがちですが、そうではないのです。事務的な交渉をする際であっても、そこには自ずと何らかの感情があり、感情はコミュニケーションを支配するといっても過言ではありません。

テロリストと雑談ができるようになれば、そこには敵対する組織同士であっても、交渉をまとめたいという感情が出てきます。誘拐犯と人質の間に発生する奇妙な連帯感をストックホルム・シンドロームと呼びますが、怒りに燃える犯人相手との交渉でも、近いことが発生します。

カウンセリングにおいて、来談者とカウンセラーの間に生じる親和感はラポールと呼びますが、ラポールを生み出すようなコミュニケーションを、カウンセラーは目指して会話をしていきます。

こうした感情の流れを、おわびにおいても利用するように、相手の感情をよく観察しましょう。それは自分を守ることにもなります。怒りに燃える相手と向き合うだけでも恐怖を感じることでしょう。もしかしたら暴力を振るわれる危険を感じるかもしれません。

ただし、この恐怖についても、本章の最初に述べたように、その恐怖は実は自分自身との戦いであることが少なくありません。もし、相手から暴力を振るわれたとすれば、その時点でおわびは終わりです。

むしろ、おわびをする義務がなくなったともいえます。相手がそのような行為に出た以上、謝って済む事態ではなくなっています。当然刑法に反する行為ですから、コンプライアンス上も警察沙汰にするべき事態です。私はそんな時、おわびの必要が終わると考えることによって、暴力という最悪の事態ですら「目的達成」に利用できるのではと考えたことが何度かあります。

コミュニケーションの原則は、おわびにおいてもきわめて有効に働くことを、私は実践を通じて確信しました。

キャリアプランとコミュニケーション

日々の仕事を通じてコミュニケーションを活用する方法を見てきましたが、業務そのものが変わる時、ここでは転職や、新卒学生の就職といったキャリア実現のケースにおけるコミュニケーションを考えます。

本書の冒頭でも述べましたが、企業が新卒学生に対し期待する能力の一番はコミュニケーション能力であると、経団連の毎年のアンケートが示しています。それに対し、中途採用においてはどうなのでしょう。

アンケートによっては「実績」だったり、「専門性」「行動力」などと、ばらけているようです。しかしこれは「相手」となる中途採用をする企業側の立場に立って吟味する必要があり、要するに企業側が求めているものは、言葉は違えど、成果を出せることと見ることができます。

「コンピテンシー」という言葉で、企業が「成果を再現・再生できる能力」を重視しているのは近年の採用の主流です。では、中途採用においては、コミュニケーション能力は重視されていないのかといえば、けっしてそうではありません。

中途採用では「実績」が重視されることになります。そして、コミュニケーション能力は実績の内に含まれていると考えられています。なぜなら、業務において成果を出すには、コミュニケーション能力が不可欠だからです。

コミュニケーション能力はあって当然であり、新卒学生のように「コミュニケーション能力」を要素として挙げることがないのです。「あって当然」な能力なのであれば、それが乏しいと判断された場合、中途採用はきわめて厳しい結果になるでしょう。新卒就活同様に、転職の際でもコミュニケーション能力についてアピールすることは絶対に欠かせないものと考えるべきです。

問題はその「伝え方」です。新卒学生がエントリーシートや面接でやりがちな失敗は「コミュニケーション能力があります」とか、「自分の強みはコミュニケーション能力です」というような、ストレートな自己主張をすることだと前に書きました。「伝え方」を含めて、コミュニケーション能力の一環ですから、自らの有能さを誇示する下手な主張は、能力を疑われてしまいます。まして自分自身を「有能だ」とアピールするのは、日本の風土からして眉《まゆ》をひそめる反応を呼ぶことも十分あり得ます。

コミュニケーションの原則はキャリア実現でも有効です。採用側は資格を持っているかとか、テストの点数のような形で「有能であること」を求めているのではなく、「実際に自社の環境においても成果を出せるか」を見たいのです。

主張すべきはその自社、つまり応募先企業の環境に近い設定での実績が、何より説得力を持つのではないでしょうか。よく中途採用面接で、「現在の担当売り上げは二

○億円です」というようなアピールをする人を見ます。

しかしこの売り上げ規模というものは、企業によって大きく異なり、年商一〇〇〇億の企業であればわずかな比率に過ぎませんが、年商三〇億の企業なら、その過半を自分自身が稼ぎ出しているという位置付けになります。

単なる実勢数値だけを伝えて、それが大きい小さいという判定は、他社となる応募先企業にとっては簡単ではありません。もちろん企業規模や部門の規模が近いところであれば、これは大いにアピールになるでしょうから、大切なところは、ここでもコミュニケーションの原則の一つ、「相手の目線を持つこと」です。

有名な話で、大企業を早期退職した人がハローワークでの求職面談で何ができるのか申告する際、「部長ができる」と答えたという逸話があります。「自分の強みはコミュニケーション能力」と答えるのはこれと同じです。

採用というコミュニケーションの相手である企業が求めている情報は、「自分が伝えたいもの」ではなく、「相手が」判断するために必要な情報です。これがキャリア実現におけるコミュニケーションの要諦といえます。

新卒学生であれば、皆実績がないわけですから、実績以外でコンピテンシーを感じさせられるかが勝負になります。こんな時に、学生起業やビジネスサークル、異業種交流パーティの経験などを「実績」としてアピールする学生も見かけますが、ビジネスのプロである企業側から見れば、それらはすべて遊びの一環のようなものです。

むしろ地道な勉強や研究室、ゼミでの「組織」内での活動を語るほうがはるかに説得力を持つでしょう。文系に比べ、サークルやアルバイト経験の乏しい理系学生は、アピールすることがないと悩みがちですが、実は文系よりはるかに有効なアピール要素があるのです。研究室やゼミで取り組んだことは、まさに組織としてのものであり、特に派手さもない地道な準備や下働きなど、企業活動そのものといえます。

企業側も学部生はもちろん、修士学生ですら、しょせんはそれほど目覚ましい発見や発表などしていないことはわかっています。そんな成果で勝負するのではなく、「企業人としての適性を持っていること」をアピールするほうが手早くなおかつ説得力を持ちます。

多くの学生はアルバイト経験とサークル活動を自己アピールの素材に選びます。しかし企業側が求めているのは何をやったかという「What」ではなく、どうやったか・なぜ取り組んだかという「How & Why」を求めているのです。新卒採用というコミュニケーションにおいては、相手が求めているものを把握することが重要であり、自分の言いたいことを伝えるのがコミュニケーションではないという原則を思い出してください。

ネット採用での履歴書の書き方

今や新卒学生の就活であれば、「就職ナビ」と呼ばれるインターネットサイトでの応募や登録は、その良し悪しを別にして避けて通ることができません。中途採用であっても、同じくインターネットの転職サイトを利用する割合はきわめて高いといえます。

特にホワイトカラーの転職であれば、ハローワークなどを経由せず、インターネット上で求人案件を探したり、ヘッドハンティング会社や人材紹介会社とコンタクトする際にも、今やインターネット経由が圧倒的になっています。

「採用する側」の目線が大切だと述べましたが、採用面接であれ、エントリーシートであれ、インターネット登録であれ、この原則は何も変わりません。媒体や手段を問わず、キャリア実現においては「相手」、つまり採用する側が求めているものをいかに提供できるかで成果は決まるといえます。

新卒学生であれば、履歴書自体はたいした情報はありません。そもそも企業経験がないのですから、中学や高校からの学歴程度しか情報はありません。一方エントリーシートでは所属する学部学科、研究科・専攻といった名称だけでなく、具体的な内容まで問われますので、そうした情報をいかに説明できるかがコミュニケーションそのものといえます。

これまで数えきれないほど学生のエントリーシートを見てきましたが、特に就活を始めたばかりの、ほとんど初めてエントリーシートを書いたというころのものは、内容も乏しく、「相手の求める情報」がほとんど書かれていないものが少なくありません。

例えば、次ページのようなものです。

学歴
・○○大学法学部政治学科在学中
所属サークル
・○○テニス同好会
趣味・特技
・読書、スポーツ

この内容でどんなアピールができるでしょうか。あるいは、これを読んだ採用側は何をここから読み取れるでしょうか。採用されることを目的とし、「相手」の目線で、求められる情報を加えてみましょう(201ページ)。

どちらの情報が採用する側にとって有益か、一目瞭然だと思います。大切なことは「何が書かれているか(What)」より、「どのように・なぜ(How&Why)」という視点で書くことです。

また、書く内容に正解があるわけではありません。NBAのファンかどうか、池波正太郎が好きかどうかはどうでも良いのです。しかしこうした記述があることによって、「どのように過ごしてきたのか」「なぜ好きなのか」といった興味につながり、人物像はよりわかりやすくなります。何のおもしろみも感じない情報の羅列は、書けといわれたから書いているだけのものに過ぎず、アピールではありません。

学歴
・○○大学法学部政治学科在学中
・△△ゼミ（国際関係学）渉外役として、東日本学生連盟連絡協議会に出席
所属サークル
・○○テニス同好会
テニスの腕前は東京テニス連合予選通過レベル
趣味・特技
池波正太郎と司馬遼太郎の歴史小説
テニスをする以外に、観戦するスポーツとしてアメリカ NBA（LA レイカーズのファン）

転職など、中途採用の場合もまったく同じです。転職サイトなどに自身の情報を登録するのが普通ですが、そのような時に、ここの例で出したダメな例同様に、必要最低限のことしか書かれていない例が圧倒的に多数です。

キャリア実現という場面は、同じ組織内におけるコミュニケーションより、さらに明確に目的達成の成否が出る、コミュニケーション能力発揮の勝負の場といえます。そしてそれは皆さんの人生をも変える大きな環境変化をもたらすものです。決してその場だけの一発勝負ではなく、これまでの実績や評価も含め、将来のかかった総力戦です。付け焼刃のテクニックでなん

とかなるものではなく、まさに戦略的視点と発想が欠かせない場面といえるでしょう。

「空気を読む」職場でのコミュニケーション

これまで述べてきたさまざまなコミュニケーション能力向上の技術は、職場における日々の業務においても役立ちます。では特に「職場でのコミュニケーション」として意識すべきことは何でしょうか。

職場におけるコミュニケーションの要諦は、「空気を読む」ことです。しかしそれは「空気を読む」という言葉の元来の意味においてです。

言葉は時代とともに変化するものですが、「空気を読む」という言葉の意味も、最近はその限定された集団や空間だけで通用するローカルルールを知らないだけで「KY」などと批判されることが増えたと聞きますが、元来は真逆でした。つまり誰もがわきまえているべき常識や、一般的な価値観を無視する行為こそが「空気が読めない」ことだったのです。

職場における「価値観」とは、ビジネスの目的達成という一点につきます。すなわち、ビジネスにとって有益か否かという判断基準を共有していることが職場コミュニケーションに必要なことです。

ただし、ビジネスに有益とは、必ずしも単なる利益だけを指すものではありません。管理、バック、ミドルなどのような間接部門では、「利益」額だけでゴールを示すことができるのは限られています。また立場や役職によっても、その果たすべきゴールが異なることは珍しくありません。

方向が一緒とはいえ、日々の業務そのものは、明文化されていることはほとんどありません。そのような具体的な指示になっていないメッセージを理解しろというのは難しいと思う人は少なくないでしょう。

新入社員の会社に対する不満ランキングといった調査の上位には常に、「教えてくれない」「きちんとした指示がない」といったものが見られます。逆に上司や先輩社員の、「新入社員に対する不満」上位は、「指示待ち」「自分から動かない」といったものが並びます。

どちらにも言い分はあるでしょうが、本書では意見の良し悪しを論ずるのではなく、コミュニケーションの損か得かで考えます。職場での意思決定において重きをなすのは誰でしょう。上司や先輩のほうが、新入社員より、通常であれば優先されるのが普通です。

ゆえにコミュニケーションで損をしないためには、自身の意見はさておき、上司や先輩の考え方に「共感的理解」をするほうが得策です。「言われていない」「指示がないからやらない」のではなく、今携《たずさ》わっている業務が何を目的とし、どこにいこうとしているのかを常に「自ら考える」ことで、「空気」は読めてくることでしょう。

例えば、先輩社員から一〇〇通の郵便送付を命じられました。

「これとまったく同じに、リストにある一〇〇社宛てに送っといて」

それだけしか言われていないので、元文書をコピーし、内容物を入れ、リストの宛先を手書きですべての封筒に書きました。一〇〇通の郵便をもって、会社の郵便室に運べば、先輩からのオーダーは満たしたはずです。

そんな時、この郵送が何のために行なわれるかを考えてはどうでしょう。答えてくれるかどうかは別に、例えば「顧客宛ての販促の案内ですか？」とか「このリストは重点顧客っぽいですね？」など、質問を丸投げしないで、自分の考えを交えて聞いてみると、忙しい先輩も答えてくれる確率が高まるでしょう。

なぜ、そのようなことが必要なのでしょう。もし先輩から、

「これは秋からの販促イベントの案内通知なので、上顧客一〇〇社だけに送るんだ」という返答が得られたら、その目的達成に必要なことを考えてみることができます。

・「上顧客」なのに、コピーを繰り返したかすれ文字の送り状でよいのか
・送り先担当者名が書かれていなかったり、あいまいな宛先でよいのか
・よれた封筒や、曲がった切手でよいのか

こうしたさまざまな気づきをもとに、自らの考えを提案すれば、「指示がないと動けない」という批判をくつがえし、評価を得られる可能性は高まります。もちろん、

却下される可能性はありますが、少なくとも自ら考えるというプロセスはけっしてむだにはなりません。

注意すべきは、ただ単に「これやってどうなるんですか?」とか「なんのためにやるんですか?」と聞くだけでは、「やる気がない」「やりたくない」ともとられかねません。そうなった場合、コミュニケーションは成り立たず、「いいから言われたことだけやってろ」とか「そんなこと君に言う必要ない」など、険悪な反応となる恐れもあります。

それでも目的を教えてくれないのであれば、その時こそ「言われたことだけやる」で十分でしょう。「言われたこと」以外の情報伝達を拒絶したのは先輩なのですから、何ら自分に落ち度はありません。

「上司の眼」を意識してキャリアアップする

ここまでコミュニケーションについてずっと見てきたように、一見受け身に見える「聞く」「受け止める」行為でさえ、実は「相手を」想定し、その意図やキーになるメッセージを読み解き、積極的な関わりを持つものです。

「仕事」という、能動的な活動において、何も考えずに取り組むことはきわめて危険です。しっかり考えたつもりでも、状況や環境など個人の裁量では制御できない理由で不成功に終わることも珍しくはありません。

しかし初めから何の考えも持たず、単に言われたことだけをやるという姿勢では、その「言われたこと」が含む言外のメッセージも見落とす可能性があります。結果として仕事は不満足な成果に終わり、自分の能力が疑われることにつながります。

どんな仕事であっても、職務として取り組む以上、ゴールを想定し、きちんとタイミングを見計らった上で相談、確認をしつつ進め、成功度を高める姿勢を常に持つことが、本当の「空気を読む」行為だといえます。

実は、こうした能動的かつタイミングや責任を見極めた上での行動は、「管理職」の視点なのです。上司である課長やマネージャーもまた、その上に部長やシニアマネージャー、ディレクターなどさらに上司がいます。またその上には取締役や社長といった上役がいるのが会社という「組織」です。

そうした上役の視点や目的意識を常に考え、行動できるということは、そのまま自分が管理職となるための訓練になっているのです。

私はヒラ社員時代、上司だったマーケティングマネージャーが空席となったため、一人で年次計画立案や予算管理といったマネージャー業務を含め、マーケティング業務を回しました。当時の事業部長に「マーケティングマネージャー業務も行なっているのだから、職位を上げてくれ」と無茶な要求をしましたが、生意気言うなということで却下されました。

その後組織が再編成され、私はいきなりヒラからマネージャーに昇格しましたが、何の問題もなくマネージャー職を遂行できました。ヒラの時からマネージャー業務を行なっていたのですからこれは当然です。

マネージャーになったら、管理職になったら、給与が上がったら「本気を出す」のではなく、その前から真剣に業務に取り組み、管理職の視点をもって業務にあたることで、組織管理者から見ても信頼感が出てきます。実際に練習を重ねて成果まで出ているのであれば、昇格したにもかかわらず「期待外れ」と評価され、また降格になるなどの厳しいリスクを低減できます。

先に「相手を慮《おもんぱか》る」ことを「雪斎の眼」として説明しました（49ページ）。職場でのコミュニケーションの一つは、常に職場での意思決定者である「上司の眼」を想定することであり、こうしたコミュニケーションによって、より良いキャリアプランにつなげることができるのです。

おわりに

私は外資系の企業で長年マーケティングを専門とし、数々の重要なプレゼンテーションを行なったり、部下のプレゼンテーションの指導をしてきました。そんな中で、「プレゼンこそコミュニケーションのすべて」であるかのように扱われることに、疑問を感じていたのです。理系の大学院でキャリア指導をするようになり、社会が求める非常に優れた能力がありながら、プレゼン下手であるゆえに自信を失ったり、就活で自滅してしまう学生とも会い、ぜひ「本当のコミュニケーション能力とは何か」をもっと知ってもらうべきだと強く感じました。

本書では心理学だけでなく、軍事戦略論や戦史にふれる部分も多く、なぜコミュニケーションなのに戦争が出てくるのか、とまどわれた方もいるかもしれません。私は三〇歳を過ぎてから、勤めていた会社を辞めて留学したロンドン大学において、帝国及び海軍史を専修しました。日本では歴史学のような人文科学は、あまり現実的な学問分野との印象はないかと思いますが、イギリスでの戦争研究を通じて得た軍事理論や戦略学は、その後ビジネスやマーケティングと共通項が多いことを、身をもって体験しました。ひたすら目的達成に邁進する戦略思考こそ、コミュニケーション能力の土台だと、ビジネスを通じて実感できたのです。本書でふれた事例も、そうした実感がもとになっています。

本書は、以前から東工大大学院キャリア科目として開講してきた、「コミュニケーション戦略論」「ロジカルコミュニケーション」「コミュニケーションスキル演習」といった講義で解説してきた内容をもとに一冊にまとめたものです。

すでに社会でばりばり活躍してくれていますが、講義に毎回熱心に出席し、ノートをまとめて提出してくれたUさん。あなたのおかげで本の骨格をまとめることができました。他にもご協力をいただいたすべての皆さんに、心より感謝を申し上げます。

★読者のみなさまにお願い

この本をお読みになって、どんな感想をお持ちでしょうか。祥伝社のホームページから書評をお送りいただけたら、ありがたく存じます。今後の企画の参考にさせていただきます。また、次ページの原稿用紙を切り取り、左記まで郵送していただいても結構です。

お寄せいただいた書評は、ご了解のうえ新聞・雑誌などを通じて紹介させていただくこともあります。採用の場合は、特製図書カードを差しあげます。

なお、ご記入いただいたお名前、ご住所、ご連絡先等は、書評紹介の事前了解、謝礼のお届け以外の目的で利用することはありません。また、それらの情報を6カ月を超えて保管することもありません。

〒101—8701（お手紙は郵便番号だけで届きます）
祥伝社新書編集部
電話03（3265）2310
祥伝社ホームページ　http://www.shodensha.co.jp/bookreview/

★本書の購入動機（新聞名か雑誌名、あるいは○をつけてください）

＿＿＿＿新聞の広告を見て	＿＿＿＿誌の広告を見て	＿＿＿＿新聞の書評を見て	＿＿＿＿誌の書評を見て	書店で見かけて	知人のすすめで

★100字書評……戦略思考で鍛える「コミュ力」

名前

住所

年齢

職業

増沢隆太　ますざわ・りゅうた

1962年、東京生まれ。東京工業大学特任教授。組織コンサルタント（㈱RMロンドンパートナーズ代表）。東京工業大学イノベーション人材養成機構チーフコーディネーター。大学院生向けキャリアデザイン、コミュニケーションの講義を担当する他、企業研修や社会人向けセミナー、講演でも多数実績。就活やキャリア、人事政策に関するコラムも多数執筆。著書に『理系のためのキャリアデザイン 戦略的就活術』（丸善出版）がある。

戦略《せんりゃく》思考《こう》で鍛《きた》える「コミュ力《りょく》」

増沢《ますざわ》隆太《りゅうた》

2014年9月10日　初版第1刷発行

発行者……………竹内和芳
発行所……………祥伝社しょうでんしゃ
〒101-8701　東京都千代田区神田神保町3-3
電話　03(3265)2081(販売部)
電話　03(3265)2310(編集部)
電話　03(3265)3622(業務部)
ホームページ　http://www.shodensha.co.jp/

装丁者……………盛川和洋
印刷所……………堀内印刷
製本所……………ナショナル製本

Printed in Japan　ISBN978-4-396-11381-0　C0236